半生红尘，半世空门　李叔同传

随园散人　著

江苏凤凰文艺出版社
JIANGSU PHOENIX LITERATURE AND ART PUBLISHING

序言：半世风流半世僧

人生如梦，红尘如纸。

或许，我们是写生之人，晨昏之间落笔，画出离合悲欢。

或许，我们只是画里浮萍，飘零在时光里，不知谁在执笔。

世事兜兜转转，岁月从不回头。总是这样，转眼之间，故事已落幕，少年已白头。灯火明灭之间，有人荒凉，有人恬淡。在无情的世界里深情地活着，懂得生活的人，应该是这样。夕阳西下，流水落花，这样残缺的美丽，总有人念念不忘。

恍惚间，那身影从乱世的风雨中走了出来。风雅是他，风流是他。

他是李叔同。诗词歌赋，金石书画，音乐戏曲，他都曾涉足，并且深谙于心。那时候，他是风流蕴藉的才子；那时候，他的世界里满是风花雪月。

平平仄仄里，有他的悲伤与欢喜；山光水色间，有他的浅酌与徘徊。

甚至，秦楼楚馆，烟街柳巷，也有他的醉意阑珊。

可他，蓦然转身，便将繁华与风流，决绝地抛给了过往。

从此，俗世红尘再也没有他。李叔同这个名字，以及所有的爱恨纠葛，突然间不复存在。半世风流，轻轻抖落，这是他的了然。同时抖落的，还有迷惘与执着。

那样的绚烂多彩，那样的文采风流，不是谁都能轻易抛下的。毕竟，这世上，醉心名利的人太多，云淡风轻的人太少。天下熙熙皆为利来，天下攘攘皆为利往，古今皆是如此。而李叔同，剪断了俗念，遁入了空门。寂静出走，淡然无痕。他知道，那就是他的人生。

从此，他成了人们熟悉的弘一法师。孑然行走，没有悲喜，只有无边的慈悲。

回首再看，曾经的故事依旧安放在那里。城南草堂里，三五知己把酒言欢。

荒凉的人间陌上，他们曾经放浪形骸。只是后来，画面渐渐寥落，知交终于各自天涯。

长亭古道，芳草连天，浊酒里的余欢，总令人伤感。

花前月下，对酌欢颜，他依旧是那个风流俊逸的才子。只不过，爱情再美丽，终究成了过往。

小楼的东风里，人已不在。爱他的人，注定要为他悲伤。懂他的人，从不说他薄情。

他深爱过几个女子，也被几个女子深爱。他深感于男女情爱已再无所求，于是把自己活成了信仰，心便结实起来，结实到可以轻松地抽身离俗，把爱禅解为慈悲，将小爱升华到大爱。

出家后的李叔同，一改他潇洒奔放、富家公子的人生态度，严持戒律，素食自咽，过午不食，万事安然。

一碗素菜，咸时，他说咸有咸的滋味，淡时，他说淡有淡的味道。在落座藤椅之时，他还轻轻抖抖椅子，害怕坐坏了寄生在藤椅上的小虫。

可以说，世事皆不入心；也可以说，世事皆在心中。

归去佛堂，不说过往。沉默的灯火里世事如谜，他早已知晓。

僧衣芒鞋，青灯古佛，他喜欢那禅意里的清净无尘。

那是他的归途。很寂静，很安详。

目录
contents

第一卷：红尘即异乡

春去秋来，岁月如流，游子伤飘泊。
回忆儿时，家居嬉戏，光景宛如昨。
茅屋三椽，老梅一树，树底迷藏捉。
高枝啼鸟，小川游鱼，曾把闲情托。

高山仰止

长亭外，古道边，芳草碧连天。晚风拂柳笛声残，夕阳山外山。
天之涯，地之角，知交半零落。一壶浊酒尽余欢，今宵别梦寒。

暮春时节，在古城的客栈里，听着古筝版的《送别》，帘外雨声潺潺。泠泠筝声，绕过春水，去了天涯，有一种凄凉的美。那年那月，那个叫李叔同的文人，在呜咽的晚风和笛声里沉默着。寻常的尘世，寻常的情节，写着不寻常的词句，那时的他风流倜傥。

他是个性情中人，会为聚合而欢喜，会为离散而悲伤。草木春秋，诗酒迷离，他就在其中，舞文弄墨，谈笑风生。转眼间，醉意散去，只剩浊酒余欢，和各自的天涯。

终于，他站到了喧嚣之外，冷眼看着浮沉未央的人间。

梦里人生，盛放在岁月里，成了故事。

从来处来，到去处去。这便是人生。

开始的迷茫，终了的沉寂。看上去，人生竟是如此简单。

但别忘了，那条遥远的路，有我们留下的足迹。那里，悲伤与欢喜，清浅与黯淡，都历历在目。相遇和离别，狂歌与叹息，月圆月缺，花开花谢，所有寻常的画面，在生命里无声定格，又被时光雕刻出悠远和厚重。

人生，不是几幕风景拼成的旅途，不是几抹色彩晕染的画图。人生是异乡的漫长行走，或者说，是江湖的独自修行。青石小巷，烟雨斜阳，我们走过；天涯古道，西风落木，我们见过。终于明白，风景未必是风景，悲哀未必是悲哀，聚与散，得与失，似乎都在有无之间。

也许，如此了然，算是明白了人生。也许，仍是迷惘。人生这场戏，每个人都能登上舞台，扮演自己的角色，却不是谁都能看穿戏里戏外的真真假假。

怀着无比的敬意，再次翻开李叔同的人生。几分忐忑，几分彷徨。他走过的，是我们无法重走的路。我的笔意，定是无法将那绚丽至极的人生写得完满。但我愿以稚拙之心，体悟他繁华里的风流快意，佛门里的自在无为。

张爱玲说，不要以为她是个高傲的人，她从来不是，至少在弘一法师寺院围墙的外面，她是无比的谦卑。世人都知道张爱玲孤傲，知道她特立独行，但是对于弘一法师，她的心里满是敬意。高山仰止，她不得不如此。我们也应带着万分的谦卑和恭敬，走近那位大师，读他悲欣交集的人生。

依稀看见，他的身影徘徊在风烟弥漫的大地上。那个叫作民国的时代，安放着他的后半生。真该以醉眼迷离的姿态，去面对那个时代，然后在醉意里，遇见所有的离合变幻。民国，去得并不遥远，却已无法触及。我们只能在渐行渐远的气息里，找寻那些难再重现的情怀与韵味。

很庆幸，在并不遥远的从前，有过那个时代。那时候，大清王朝轰然倒塌，封建帝制突然消亡，整个世界都仿佛灵动了起来。于是，爱也爱得恣肆，恨也恨得彻底；聚也聚得快味，散也散得洒脱。许多规则与逻辑失去了原有的力量，鲜活的人生格调便浮出水面，取代了旧日的死气沉沉。

回到最初，烽火依旧连城。那仍然是纷扰不休的时代，大地与年光，都在战火与硝烟里摇摇晃晃。民国所有的故事都在混乱的时空下浮沉，岁月刻下的痕迹清晰如初。军阀混战，世事萧条，人性挣扎，这原本就是民国的模样。事实上，无数的遗老遗少仍旧在醉生梦死，无数的野心与阴谋都在或明或暗地生长。还有无数战战兢兢的人们，蜷曲着身体，在荒烟弥漫的地方，彷徨无际。

但这些，都无法改变民国的韵味。那是写意的年代，恩怨与情仇，都透着几分风花雪月的味道。那里，旗袍下的女子在影影绰绰的灯火下，与时光对饮；那里，许多的文人雅士，在爱恨的边缘，在疏离散淡的年代里，书写着悲欢离合。

从旧时代里飘然走来，民国才子有着与生俱来的不羁与纵意。或许冷落，或许悲凉，但更多的还是快意与风流。他们身上，有着旧时代的清雅，也有着新时代的纵意，所以，在平平仄仄、长长短短的字句里，他们的人生显得与众不同。民国的年光，经他们轻描淡写，有了风情与风姿，有了风流与风骨。

所有的才子，连同他们的故事与情怀，构成了那个时代独特的性灵世界。细细想来，如突然落下的夏雨，浸润了整个世界，却又在不知不觉间抽离。在他们离去后，虽然还有许多人执笔耕耘，却很少有人能写出那样的风情。

故事可以相似，情怀却已不在；爱恨仍在流转，风姿难再重现。枕着年光，对那些逝去的年月念念不忘，终究不过是默然感伤。风华绝代也好，飞扬恣肆也好，都只是旧日风景。那风姿绰约的年代，到底是远去了。

回首之际，看到了那些飘洒而冷峻的身影。徐志摩仍在康桥的柔波里心事搁浅，卞之琳还在桥上思考着关于风景的哲学，戴望舒已在茫然的等待里回到了雨巷。而李叔同，已远离繁华归了青灯古佛，这是他的选择。尽管那时候他已名满天下，但他却决然而去，放下了所有，去了那个寂静的所在，只剩满世界的惊愕。他的人生，也因此极不寻常。

1880年10月23日（旧历九月二十），李叔同出生于天津。父亲为他取名李文涛，天津桐达李家文字辈三少爷，字叔同。乳名成蹊，出自《史记》：桃李不言，下自成蹊。

后来，李叔同有过许多的别名，他的学生在整理他的历史时，竟罗列出近两百个。当然，我们熟悉的他，在尘世叫李叔同，在佛家叫弘一。不管叫什么，那跌宕起伏的人生，和看穿红尘世事的悟性，才是我们最值得伫望和怀想的。

李叔同出生时，是光绪六年。大清王朝的大厦尚未倾塌，封建帝制还在苟延残喘。紫禁城里，王侯将相在那末代的王朝里，战战兢兢地望着外面的世界。连城的烽火并未走远，大洋彼岸的列强们，仍在用嗜血的眼神，盯着颤巍巍的中华大地。

人们都还记得，二十年前的那场战争。一八六零年，英法联军攻入北京，咸丰皇帝逃往承德。英法联军占领了北京城，焚毁了华美绝伦的圆明园，并且在北京城郊烧杀抢掠几十天。圆明园的大火持续了三天三夜，数百名宫女和太监葬身火海。对于这样的行为，法国作家雨果称之为“两个强盗的胜利”。

结果是，那场战争迫使清政府先后签订了《天津条约》和《北京条约》，以及中俄《瑷珲条约》等和约，一百五十万平方公里的领土丧失。尽管如此，该迷醉的仍在迷醉，该狂欢的仍在狂欢。历史的缝隙里，总有人意乱神迷。

应该说，那是个风雨飘摇的年代。颓丧与醉意，破败与纵情，凄迷地对立着。大清王朝的顶端，隐约地坐着几个人。唯唯诺诺的皇帝，骄横跋扈的太后，支撑着王朝最后的气息。彷徨与惊悸历历在目，掩不住渐渐消亡的帝气。毕竟，此时的大清，连外强中干也无从说起。

风云变幻之间，人们在历史的洪流中迷惘地前行。日光之下，整个大地都凌乱不堪。朝堂上的君臣，巷陌里的百姓，都在惊悸中彷徨无计。倒是那些良心未泯的文人们，在荒凉的大地上，悲伤地叹息着。

歌哭无端燕月冷，壮怀销到今年。
断歌凄咽若为传。家山春梦里，生计酒杯前。
茆屋石田荒也得，梦归犹是家山。
南云回首落谁边？拟呵湘水壁，一问左徒天。

这首《临江仙》的作者是晚清的王鹏运，字幼遐，自号半塘老人。他做官曾做到监察御史，以率直声震天下。慈禧携光绪帝常驻在颐和园不上朝的时候，只有他敢直谏。只不过，面对国家的耻辱和灾难，他能做的只有长歌当哭。盛衰兴废，江山飘摇，不是谁能挽回的。书生意气，壮志满怀，终究只是茫然的喟叹。

后来，李叔同眼见国事维艰，列强肆虐，民不聊生，陷入了空前的悲愤和迷茫。于是，他决意去日本求学。赴日之前，写了下面这首《金缕曲》：

披发佯狂走。莽中原，暮鸦啼彻，几株衰柳。破碎河山谁收拾，零落西风依旧。更惹得离人消瘦。行矣临流重太息，说相思，刻骨双红豆。愁暗暗，浓于酒。

漾情不断淞波溜。恨来年絮漂萍泊，遮难回首。二十文章惊海内，毕竟空谈何有！听匣底苍龙狂吼。长夜西风眠不得，度群生那惜心肝剖。是祖国，忍孤负？

昨夜西风凋碧树，独上高楼，望尽天涯路。那时候的李叔同，大概也是这般悲凉。风雨如晦，国将不国，悲愤与哀痛郁结于心，终于成了这深沉的呐喊。

他的心是炽热的，却只听到河山破碎的声响。披发佯狂走，原来只是众人皆醉我独醒的无奈。毕竟是文人，狂歌与悲鸣都不能为那苍白的岁月添上几分生气。

人生之初

突然沉默，世事皆无声响。

整个世界仿佛空洞的画面，寥寥几笔，勾勒出沧桑与悲喜。

又在苍白的色调里，透着几分醉意阑珊。

十九世纪后期的大清王朝，在内忧外患之中，早已是千疮百孔。即使如此，破旧陈腐的逻辑仍在，横七竖八的规则仍在。王公贵族们仍在肆意寻欢，与之对应的是，被视为身份低贱的那些人，仍在岁月里低沉地活着。

很无奈，此时的女子，仍是男子的附属品。男子可以三妻四妾，她们默认。千百年的规则早已让女性习惯了沉默。她们的美丽与哀愁，都很少向谁说起。

李叔同的生母王凤玲，就是这样的女子。她是人家的四姨太，自从被娶过去，便没有了独立的人生，相夫教子是她以及许多女子的信仰。或许，她也曾为自己的人生悲哀过，但不管怎样，这就是她的人生。她相信，那种叫做命运的东西，是无论如何都逃不开的。

王凤玲出生于1861年，也就是咸丰皇帝驾崩的那年。嫁到李家的时候，是光绪五年。那年，她十九岁，李叔同的父亲已年近古稀。尽管如此，嫁到这个大户人间，王凤玲还是活得安分守己。在李叔同出生后，她更是觉得人生有了光明。

似乎是这样，习惯了昏暗，便会不自觉地躲避光亮。

习惯了战战兢兢，便忘记了怎样傲然地站立。

旧时的女子，力气自然是单薄的。可悲的是，连心里也失去了飞出樊笼的愿望。嫁个不错的人家，将青春与自由尽数交付，从此，寂寞也好，寥落也好，都只会默默承受。仔细想想，漫长的岁月里，埋着无数曾经自在的性灵，那是属于女子的。厚厚的尘土，掩住了几千年的叹息。

李叔同的父亲李筱楼，大名李世珍，清朝同治四年进士，曾任吏部主事，后辞官承父业经商，创办了“桐达”等几家钱铺。因此，李家又被称为桐达李家。

李家祖先在明末清初时，为避难而至浙江平湖乍浦，以布料生意起家，相继经营酱园、盐务和榨油业。三四百年下来，李家日渐昌盛，乍浦当地至今仍有李姓七十余户，均有李氏远祖后裔。平湖又称为当湖，所以李叔同曾有“当湖惜霜”的别号。清朝嘉庆年间，李筱楼的父辈由乍浦迁至天津。

天津三岔河口附近粮店后街的南北向马路东侧，有个陆家竖胡同，胡同东口二号是一座坐北朝南的三合院，这便是李宅。院子大门口有座门楼，内有四扇平门，平时是关闭的，主仆出入走的是东侧的侧门。这就是李叔同出生的地方。

李筱楼虽有几房妻妾，子嗣却并不旺盛。在他六十七岁时，长子李文锦早逝，几年后，文锦的独子也英年早逝了。于是，长房只剩几个寡妇。二房所生次子李文熙身体孱弱，三房未有子嗣。男丁如此凋零，李筱楼自然心有不甘，终于以古稀之龄，迎娶了四姨太王凤玲。

如果抛开年龄差距，李筱楼与这位四姨太倒也很匹配。王凤玲出生于书香门第，自幼受翰墨熏陶，品貌端正，诗文兼修。幼时丧父的李叔同，若是没有母亲的教诲，恐怕未必能成为惊世之才子。

李筱楼生平最是乐善好施，并以此为人们所称道。他主持创立备济社，时常抚恤贫寒孤寡，赠他们以衣物和粮食；存育所多接收乞讨之人，不许其受饥寒之苦。大概是他该有的福报，在古稀之年，四姨太王凤玲竟然有了身孕。然后，李叔同出生了。

那日，李宅里面无比热闹。在新生儿呱呱坠地的时候，这家的男主人李筱楼正在佛堂里焚香诵经。那些年，他虽然娶了新的姨太太，但是很多时候都在佛堂里。人至暮年，大抵都喜欢那样的清静。

老来得子，李筱楼自然是喜不自胜。这大概是他人生最后的心愿，竟然真的达成了。他心怀慈悲，上天待他也算不薄。因为幼子降生，他几乎觉得整个人都重归盛年。日光很温暖，大地很温暖。对他来说，这个深秋是欢喜的。

在剧烈的喜悦后，情绪平复后的李筱楼，整理好衣冠，在香案上，取下他朝夕课诵的《金刚经》。然后，燃起檀香，虔诚地合掌诵了起来。诵毕，只觉得人生如梦幻，前尘往事尽如云烟。此时，他更加相信，万事都强求不得，但该来的总会来。

李筱楼绝对想不到，多年以后，盛名在身的李叔同，会蓦然间皈依三宝。

这世间，许多事如谜题，越想越迷惘。

兴许，世事如棋局，我们只是棋子。谁在落子，无人知晓。

李叔同出生以后，李筱楼心愿已了，加上年岁太高，他再未与王凤玲同过房。很显然，对于独守空房的命运，王凤玲早已明了。但是那年，她还是义无反顾地出嫁了。

在古代，女子十五不嫁，家人便算有了罪过。王凤玲出生于李家祖籍所在地乍浦，在当地，十三四岁的新娘子比比皆是。由于战乱，王氏家道中落，王凤玲遭遇了高不成低不就的窘境，年近二十岁还待字闺中。所以，当李筱楼派媒人去求亲时，无论是家人还是她自己，很快就答应了。于她，这样的出嫁，连赌博都算不上，只能说终于完成了人生的托付。而托付之人，是那个风烛残年的老人。

李筱楼心愿了却之后，她完成了自己的使命。她只有二十岁，但这美丽的年华，注定要交给寂寞。她不必为衣食住行担忧，但是人生，却是早早地变得灰暗了。此后的岁月，李叔同是她仅存的慰藉。在李叔同的前半生，不管有多少花红柳绿的故事，母亲都是他最重要也最难舍的人。

茅屋三椽，老梅一树，树底迷藏捉。
高枝啼鸟，深水游鱼，曾把闲情托。

对于李家老宅，以及老宅里的童年，多年后李叔同仍有记忆。他写了这首《忆儿时》，回忆了当时的快乐时光。只是，人生只有向前的路。所有美好的从前，只能回望，不能回归。少年无忧，毕竟短暂。生命里更多的，必然是荒芜与冷落。

李叔同三岁那年，李家从陆家竖胡同二号搬到粮店后街六十号。这里呈田字格局，四个小院分前后两个大院。前院有桐达钱铺，经营着李家的内局生意。当然，身为四姨太的王凤玲，从未踏入其中，她只是偶尔带着李叔同路过。

李家生意做得不小，有盐业，有锦绣绸缎，有珍珠白玉，每当镖局将盐银送来，整个宅院都会格外热闹。王凤玲却只是远远地看着。旧式大家庭的妻妾关系按序排列，王凤玲位置最低。贵贱之别仍然横亘在那里，她也不想僭越。

搬迁后不久，李筱楼将他亲笔题写的“存朴堂”匾额挂在前院大客厅里，并在那里设宴庆祝乔迁。于是，报纸上开始将桐达李家称为存朴堂李筱楼家。自然地，这位年过七旬的老爷，也没忘了将象征身份的“进士第”和“文元”匾额挂在显眼处。吃斋念佛，打坐听禅，终究还是没能将那些俗名忘却，颇有讽刺意味。

那时候，李家的情景是这样：自老爷李筱楼开始，长房姜氏、文锦遗孀、文锦的儿媳妇，以及三姨太郭氏，都做了在家居士，每日在佛堂诵经。二房张氏在心无旁骛地教导她那个孱弱的儿子，在文锦离世后，文熙成了李家的第一继承人，张氏很清楚这身份的重要性，也因此对李叔同母子并无好感。王凤玲并无争斗之心，她只想将李叔同安静地带大，使其成为才德兼具之人。

新宅院里有竹篱围成的花园，李筱楼为之取名为意园。春日里花开鲜妍，夏日里莲叶田田，这里盛放着李叔同许多的童年时光。

新宅院里那架由奥地利公使及其夫人赠送的钢琴，是李叔同最为喜欢之物。他热爱音乐，想必与这架钢琴有关。

后来他知道了，再好的钢琴，也弹不出世事无常。

现在，他还很小。花开的时候，笑得灿烂。

仿佛，世间没有落花时节。

光阴飘摇不止

这世上，谁都避不开浮沉变幻。

繁华凋谢，冷月无声，我们都走在飘摇不止的光阴里。

故事落幕后的凄凉，盛宴散场时的感伤，都会在我们生命里刻下印记。岁月对生命，总会这般冰冷地加持。终于知道，生命如歌，曲曲折折的旋律里，满是流水落花。

1884 年秋，李筱楼身患痢疾，四方名医皆束手无策。寒冬时，他已病入膏肓。他能感觉到，自己再也不会走入春天。死寂的冬天，冰冷的霜雪，为他的生命做了最后的送别。气息奄奄的李筱楼，在病榻上交代了身后之事，他说，次子文熙继承父业，三子文涛以兄为父，父亦是师。

说完，顿觉万事皆空幻，浮生不过是梦里的过场。一切有为法，如梦幻泡影，如露亦如电，应作如是观。人生，就是如此。世间之人，往往是这样，不到油尽灯枯之时，不会明白生命如尘。贪求与争斗，也总是由此而生。

终于，煊赫几十年的李筱楼离开了人世，走得很平静。从此，世间之事，起也好，落也好，再与他无关。而他的生平，虽然被无数人艳羡，终究是随风远去了。

在这座深宅大院里，李筱楼是所有人的王。而现在，他去了。李家上下陷入了悲恸之中，但所有的事情，还是在有条不紊地进行着。在他去后，正房只剩三代遗孀，往日里参禅拜佛的她们，那些日子哭得凄绝。

她们将自己的人生彻底地交给了自己的丈夫，以为在声名显赫的李家，会活出自己的价值。没想到，多年以后，留给她们的，只有寡居的漫长叹息。吃斋念佛，恐怕也不能驱走她们余生的悲凉。

三姨太郭氏也是生无所恋。依稀记得，嫁给李筱楼时，她还是年华正好。珠帘下，他掀开她的盖头，盈盈的烛火照着那些夜晚的欢情。后来，她因为未有生育渐渐失宠，开始遭受独守空房的凄惨。再后来，李筱楼娶了四姨太，她只能将自己的不甘压抑在佛堂里。

可那时，李筱楼毕竟还在不远处，虽然与她几无话语，至少能给她的生命些许力量。而如今，李筱楼去了，她只剩自己。她能做的，恐怕只有继续回到佛堂，莫名地看那个镜花水月的世界了。

二姨太张氏哭得昏天黑地，不过，她的处境显然比上面几位好得多，只因她为李家留下了子嗣。而且，李筱楼的遗言所有人

都听到了，她的儿子李文熙将继承家业。所以，不管她哭得怎样伤心，泪水里必然是有些窃喜的。

王凤玲知道，失去老爷的庇护，她们母子在李家的处境定会渐渐逼仄起来。两房无子嗣的女人们必然会心生嫉妒，并因此疏远他们；二姨太张氏担心日后李叔同会对李文熙形成威胁，也会对王凤玲母子更加戒备。这些事，王凤玲都很清楚。不过她倒也不在意，她只愿清简度日。让她欣喜的是，李叔同自幼就极是聪慧。

母子相依为命，倒也不算凄惶。只是，走在那座大院里，所见的眼神总有几分凉意。而且，更让王凤玲忧心的是，李叔同虽然天分极高，却是性格孤僻，随着年岁的增长，渐渐显出了桀骜和不羁。后来，她发现，看不透自己的儿子。事实上，世间的许多人，都看不透他。他可以是乱世才子，妙笔丹青，诗情画意；也可以是方外高人，闲云野鹤，笑看红尘。

风起的时候，他在风里；云过的时候，他在云里。

最终，他在尘世之外，飘荡四方，走得坦然。

几十载的人生，被他过出了无与伦比的兴味。入世出世，不着痕迹，是他。

父亲去世后的许多天里，总有僧人在诵经做法事。在他们的主导下，人们沉默地进行着祭奠活动。五岁的李叔同，不懂法事的意义，不知父亲到底去了何处。那样的场景里，他像个局外人。母亲哭得伤心，他便用稚嫩的小手，为她拭眼泪。幼小的他，知道悲与喜的差别，不懂生死之间的距离。

或许，对于生命而言，死只是意味着去了别处。又或许，那是重新的上路，在无人经过的地方。总之，生命无常，有生便有死。刹那之间，如花开，如花谢，这就是人生。

那些天，那座深宅大院里，日日有木鱼的声响，清脆而空灵；时时有香火的缭绕，氤氲而自在。众僧在死者沉睡的地方分班诵经，助亡魂归极乐净土。幼小的李叔同，竟然喜欢那画面。他不懂僧人们的念念有词，但他心里的确有些莫名的欢喜。

木鱼之声，佛香之烟，萦绕在他的心湖里，不知不觉间，已生根发芽。那时候的李叔同，笃定地认为，是这些僧人们制造了这场神圣的庄严。他有些羡慕。

朝廷派人来了，官服在身很是威严。他是直隶总督，也是北洋大臣。这个叫做李鸿章的人，在大清王朝的最后岁月里，时常粉墨登场，虽然非议颇多，但他是个了不起的人。只不过，朝廷千疮百孔，他没有回天之术。

此时，他在李家宅院里，严肃地完成着自己的使命。李文熙跪在那里，中指滴血，这意味着他将继承家业。李鸿章执笔蘸血，又蘸了朱砂，在白案上早已备好的白纸黑字上点出鲜红的一笔，然后铿锵有力地念着：“鸿题点主，长子接笔，日出东方，一点红光，神佑子孙，福泽绵长……”

不久后，武官马三元为李筱楼的人生盖棺定论。他的声音很是高亢：“李世珍，字筱楼，嘉庆十七年生人，同治四年进士及第，吏部主事，辞官从商，掩上巨富，设义塾、创备济社、建存育所，年斥资千万计布施济贫，寿至七十二，四方咸颂英名……”

这天，李文熙正式掌管了桐达李家的富贵门庭。同时，他也正式成了李叔同的启蒙老师。这是父亲的遗言，他必须遵从。从这天开始，王凤玲也开始悉心教导儿子。她对李叔同的管教很是严苛，无论是学业还是为人，都不敢有丝毫松懈。

这位沉默的母亲清楚地记得，那位直隶总督李大人见到李叔同的时候，目光里满是惊喜，他说此子天赋极高，日后定是旷世奇才。是的，那日李鸿章被李叔同身上聪慧灵秀的气质所吸引，对这个孩子很是喜欢。

他没有看走眼，纵观李叔同生平，他是个奇人。诗词歌赋、书画音乐、金石篆刻，他都熟稔于心。身为老师，涉足戏剧，他也是得心应手。难怪，他的学生会这样评价他：少年时做公子，像个翩翩公子；中年时做名士，像个名士；做话剧，像个演员；学油画，像个美术家；学钢琴，像个音乐家；办报刊，像个编者；当教员，像个老师；做和尚，像个高僧。在很多方面，李叔同都算是天才。

只是，太过聪慧的人，往往逃不开孤独。

同样的孤独，有些人走向黯淡，有些人走向恬淡。

李叔同属于后者，所以他归了青灯古佛。

在此之前，写了许多别致清雅的诗，画了许多浓淡相宜的画，当然，还培养出了如丰子恺、潘天寿、刘质平、吴梦非这样杰出的文艺人才。

日子变得很寂静，似乎没有任何波澜。在兄长和母亲的教导下，李叔同走向了诗书。生命的质感，在那里渐渐长成。按照习俗，每日清晨他都会按时去给几位母亲请安。他能感觉得到，父亲的那些遗孀们，对他的生身母亲很是冷淡。事实上，在人们的口中，总有些风言风语，说他是庶子，是小妾的儿子。看似平静的家庭，其实并不似表面那般安详。

王凤玲总是不声不响，过着与世无争的日子。她只是默默地希冀着，儿子能如那位李大人所言，成为才华卓绝之人，有个锦绣的前程。后来，她的愿望实现了。李叔同的确是才华横溢，可他却是个澹泊之人，对名利之事看得太淡。王凤玲不知道的是，在她离世十几年后，李叔同会遁出世外。

此时的王凤玲，年岁未老，心却在那座宅院里慢慢枯萎着。

冷和暖，悲与喜，默默承受着，只有李叔同知道。

嫣红的年华，付与了苍白的流年。她是苦涩的。

庭院深深

偶尔遥望从前，看见翩翩少年。那是年少的我们，走在柔软的时光里。

许是这样：篱落疏疏小径深，树头花落未成阴。儿童急走追黄蝶，飞入菜花无处寻；许是这样：草长莺飞二月天，拂堤杨柳醉春烟。儿童散学归来早，忙趁东风放纸鸢。

人生之初，风是轻的，雨是细的，日光是暖的。突然发现，人间的路上，我们已经走了很远。五色斑斓的少年时节，永远也回不去了。属于我们的，是人海中的冷暖自知。

于是，回味年少时，总会忍不住感伤。青草池塘的欢笑，溪边柳下的悠然，或许还有竹马青梅的往事，都已走远。茫然地探寻，也总是，物是人非事事休，欲语泪先流。

现在，李叔同就在那样的年岁。深宅虽然死寂，母亲虽然苦闷，他毕竟只是个孩子，不知人间之苦楚，不懂世事之无常。细雨斜风里，他有他的自在。

当然，无论是兄长还是母亲，都不允许他肆意玩耍。他是桐达李家的三少爷，必须浸染在书香里。五岁的李叔同，开始习诵古诗，六七岁时读《昭明文选》，居然能朗朗成诵。很快，他就被人们誉为神童。

他的确是个天赋异禀的孩子。别的孩子费力背诵的东西，他几乎是过目不忘。而且，他天生喜爱读书，只要有书在手，他便觉得快乐。聪慧的孩子，往往会被偏爱。李叔同所遇的情形有些奇怪，在街坊邻居那里，他备受羡慕；而在李家那座宅院里，人们对他却很是冷淡。

尤其是二娘张氏，她只愿自己的儿子独享李家富贵，生怕别人有染指的动机。李家的其他女人，没有了丈夫，如今都选择了礼佛参禅，以此荒度年光。只有她在偌大的宅院里忙碌着。她习惯了颐指气使，像极了朝堂上垂帘听政的那个女人。

不久后，大娘姜氏也去世了。她走得不声不响，就像宅院里秋光里的落叶。长年在佛堂里，想必离开的时候，也没有多少恐惧，不过遗憾定是有的。嫁到李家几十年，有过儿子却终于未能留下香火，她不可能没有遗憾。但是现在，都结束了。

遗憾也好，坦然也好，她离开了人间，离开了那座沉闷的庭院。

丧事也算体面，却只是空洞的情节。

生前惨淡，死后再风光，也不过是矫饰。

话又说回来，生前纵然风光无限，死后也要归于尘土。人生于世，风流也好，富贵也好，煊赫也好，灿烂也好，终究只如梦里花开，经不起沧海桑田的洗礼。活在人间，最重要的莫过于心安。

大概是因为年纪相仿，王凤玲偶尔会带着李叔同去看望她的侄媳妇，文锦的儿媳。无量庵里，这个年轻的女子一袭素袍，在经文里寻求着慰藉。

她是美的，至少在幼小的李叔同看来，她是美的。容颜虽然憔悴仍不失娇俏，素净的衣袍下裹着窈窕的身体。然而，她却活在惨白的岁月里，来处已远，去处飘渺。如许多庭院深处的女子，衣食无忧，却落得满心凄凉。就像欧阳修那首《蝶恋花》所写：

庭院深深深几许，杨柳堆烟，帘幕无重数。
玉勒雕鞍游冶处，楼高不见章台路。
雨横风狂三月暮，门掩黄昏，无计留春住。
泪眼问花花不语，乱红飞过秋千去。

如花的容颜，似水的年华，交给了寂寞，便都没有了落脚点。那些陈旧的年月，深深庭院里，锁着太多曾经鲜活的生命。但是最终，她们都静默如尘埃，只剩幽怨和寥落。杨柳春风，花开陌上，似乎都与她们无关。

如果可以，无量庵里的那个女子，想必愿意活得明亮。可她，注定无力改变人生。对她来说，生活早已没有明亮可言，有的是月落乌啼时的苦闷。经书解不开她命运的结，风月透不过她年华的冷。生命如斯，所有的念想都已渐渐凋零。

王孝廉居士教她念的《大悲咒》和《往生咒》，她都已稔熟于心。见到王凤玲母子的时候，她正在念着。谁都知道，这样的念诵中，有道不尽的寂寥落寞。

大概是因为听着有趣，李叔同也跟着她念了起来，很快就朗朗上口了，母亲阻止了他。她告诉他，小孩子该学的是诗文，读经文是没用的。李叔同停下来，心里并不认同。在朦胧的意识里，他觉得那些经文是美的。

离开无量庵，李叔同回到了书房。有许多书要读，他也乐得如此。《百孝图》《返性篇》《格言联璧》等书，都是李文熙告诉他必须熟读的。母亲也总会督促他勤加读书，莫荒废大好光阴。

九岁的时候，李叔同有了新的老师，常云庄先生。此后，他读的书更广也更深了，《孝经》《古文观止》《千家诗》《尔雅》《说文解字》《左转》……无数的古籍摆在他面前，就像从未涉足的风景。他将自己抛入了书海，带着稚嫩的倔强。

书里面关于功名的内容，他有些不屑。那些质感优美的文字，是他所钟情的。只是，此时的李叔同并不知道，这样的偏好，几乎就是对人生的选择。后来的他，果然深爱风花雪月，厌恶利禄功名。

翰墨之事，李叔同先是在管家徐耀庭的指导下，学习《石鼓文》以及魏碑。十几岁的时候，其书名已经名震乡里。其后他又跟随天津名士赵幼梅学习诗文，与津门书印名家唐静岩学习篆书以及制印之法。

在这样的熏陶之下，李叔同走上了才子之路。天赋异禀的他，喜欢在诗书里尽情游走，也喜欢在宣纸上肆意走笔。当然，年岁渐长的他，在诗词书画之外，仍旧对佛经念念不忘。无量庵里那寂寥女子所念的《大悲咒》和《往生咒》，他偶尔还是会念起。显然，他是与佛有缘的。事实上，他最喜欢的诗人也是诗句里满是禅意的王维。

行到水穷处，坐看云起时，他喜欢。

松风吹解带，山月照弹琴，他喜欢。

这些词句里的飘逸无尘，他爱不释手。于是，多年以后，从西装革履到僧衣芒鞋，从滚滚红尘到清静佛堂，从文坛名士到得道高僧，人生转得突然，却又自然而然。遁出红尘，如云归山后，他去得不着痕迹。

在书香与墨香里熏染着的李叔同，现在已经十几岁了。阳光之下，他已是满是书卷气的少年。大概是因为始终生活在那座沉闷的大宅院里，他的性格有些孤僻，但这并不影响他长成才子的模样。他具备了诗人的情怀，也具备了吟风赏月的才华。他渴望着走出家门，去到外面的世界，去遇见，去纵情，去沉醉。

那座宅院里又见生命凋零。文锦之妻因病去世，没过多久，她的儿媳妇，无量庵里那个诵经的美丽女子，不愿独活于人世，吞金而逝了。她吞进肚子里的是当年的陪嫁。

那年那日，这些东西随着她如水的年华来到桐达李家，不曾料到，迎接她的是身为遗孀的冷月残年。现在，她将过去彻底吞了下去，却也将自己送给了过去。她是个美丽的女子，却连名字都没有留下，就像那宅院里大多数女子。出殡之日，僧人诵经引路。往生的路上，两个孤苦的女子相伴着。只是不知，离开无味的人间，她们到底会去向何处。

那日，李叔同哭了。他已懂得，人死如灯灭。在他渐渐长大的时候，每次在庵堂里见到那个女子，他都会莫名地感伤。他在想，若不是嫁到李家，她大概会有绚烂的人生。他在想，若是遇见与她相似的女子，他不会让她悲伤。此时的他大概不会相信，许多年后，他会让那个愿意随他地角天涯的女子肝肠寸断。

他有他的方向，那是任何事情都阻止不了的归途。

红尘巷陌，爱恨纠葛，说放下便放下。这就是他。

在那两个女人去世后，李家那座宅院越发冷清了。实在无聊的时候，王凤玲会带着李叔同去梨园听戏。生旦净末，起承转合，那是个热闹的地方。当然，扮相和唱段再美丽也终有落幕的时候。演着戏里的欢喜，避不开戏外的哀愁。

这天，他们又去梨园。台上唱的是《牡丹亭》。唱词历历如此：“则为你如花美眷似水流年，是答儿闲寻遍。在幽闺自怜。转过这芍药栏前，紧靠着湖山石边，和你把领扣松，衣带宽，袖梢儿揾着牙儿苫也，则待你忍耐温存一晌眠。是那处曾相见，相看俨然，早难道好处相逢无一言。”缱绻温柔，相逢离别，在戏台上都很是动人。

不知何时，王凤玲开始默然感伤。或许是因为，她听到了这些唱词：原来姹紫嫣红开遍，似这般都付与断井颓垣，良辰美景奈何天，赏心乐事谁家院，朝飞暮卷，云霞翠轩，雨丝风片，烟波画船，锦屏人忒看的这韶光贱。她的人生，也似这般。

汤显祖说，情不知所起，一往而深，生者可以死，死可以生。生而不可与死，死而不可复生者，皆非情之至也。李叔同在想，到底怎样的爱情，才能深沉至此。世事飘摇，聚散不休，生死只在刹那，爱情是否真的可以跨越轮回？没有答案，他只是痴痴地想着。

梨园里头，有个眉目如画的女子，在等她敲开门扉。

人们说，他们是有缘的。

天仙园遗梦

那个叫青春的地方，似乎总是花香满径。

但别忘了，花开得再好，也总有凋零之日。

事实上，仿佛只是刹那，岁月里已经满是落花。远远望去，有人寻寻觅觅，几分执着，几分懵懂，几分惆怅。大概是这样，不迷茫便不叫青春。不管怎样，开花的年岁，就该尽情绽放。就像诗人说的，花开堪折直须折，莫待无花空折枝。

现在的李叔同，已是翩翩公子。几分俊逸，几分风雅，几分年少轻狂，此时的他就是这般模样。他喜欢云下的吟咏，也喜欢花前的伫立。满腹的诗书，在他年轻的生命里流淌成了风景，只等有缘之人走入，为这风景流连。

几许莫名的孤独，大概是因为，繁华深处，可心之人太少。带着这样的孤独，他走在乱世的路上。走得意气风发，几乎忘了身后那些沉默的落花。

填词写诗，弹琴作画，是他钟情的事情。当然，那样的年岁，他也不愿将自己拘囿在庭院里听风看雨。不知从何时起，他爱上了听戏。戏台很小，故事很长，世间百态尽在上面。有足够的学识支撑，他可以轻易地从那些桥段里读出浮沉悲喜。

人们说，他是个风流才子，说得没错。那些年月，如旧时的许多富家公子，他时常流连于风月之所，说是风雅，却不免有几分荒唐。秦楼楚馆，烟街柳巷，影影绰绰地站着许多人，那是年轻的才子们，在岁月深处，寻那所谓的尘缘。

其实，那里的遇见，大都不过是逢场作戏。

月下的缠绵私语，往往在多情与无情之间行迹模糊。

纵是两心相知，也很难在世事风雨中求得完满。

不过，人们还是愿意欣然走入那些情节，让自己醉去。

此时的李叔同便是如此。故事里头，他是风雅多情的。风雅到了极致，便需要缱绻情事，让他的情怀与才气，有个落脚的地方。他看过许多才子佳人的故事，唯独没有看过自己的。他希望有个女子，在某个细雨的黄昏，蓦然走入他的世界。他想，她该是美丽的，也该是明媚的。

果然，那女子走来了。戏台上，她款步走来，颦笑间如画中之人，戏里台词在她唇间轻灵地飘出，不知不觉便入了他的心底。才子的心如平湖春水，刹那间就被搅乱了。

那是在协盛园里。她在戏台上步履如风，妩媚地演着爱恨离合；他在戏台下醉眼迷离，痴痴地看她身姿摇曳。他为她的美丽沦陷了，那是个不寻常的日子。从那天开始，他时常出现在戏园。后来，她去了天仙园，他也跟着去了那里。

显然他动心了，为她的美丽，为她的缱绻。很快他知道了，他魂牵梦萦的那个女子叫杨翠喜。她的确是个美人，巧笑倩兮，美目盼兮，华发堆云扑，娇态如杨柳。她在最好的年华里，无数男子为她流连。

杨翠喜原籍直隶北通州，幼年家贫被卖给杨姓乐户，取名杨翠喜。她没有被卖到堂子里，似乎算是命好。小时候，她就是个美人胚子，所以师傅没少在她身上下功夫，拉嗓子，练身段，练手指，还养了只画眉专门训练眼神。有时候，她练得不好或者不认真，师傅就会往她身上抽鞭子，从不往手上和脸上抽，因为抽坏了就等于赔本。总之，这样悉心调教她，无非是让她成为手中的摇钱树。她倒也争气，练得很刻苦。

十五岁时，杨翠喜就出落得面如满月，端庄秀美，加上天生的好嗓子，初次登台便惊艳了整个天津城。后来，只要有她登台，总有无数青年公子守在戏台下，看她舞步翩跹，看她笑靥如花。

姿容秀美，身姿婉婳，又有婉转嗓音，这无疑是令许多女子艳羡的资本。杨翠喜是个聪明的女子，她很会利用自身的优势。她所唱之戏，总是带着几分奢靡。比如《梵王宫》，比如《红梅阁》，唱腔华丽婉转，神态婀娜摇曳。看她扭摆身姿，台下的男子总会为之疯狂。老学究们骂不绝口，说女子登台有伤风化。只是不知，这些人暗地里是否会回味她台上的妖娆。

情窦初开的李叔同，不知不觉已是情根深种。读书的时候，眼前总会出现杨翠喜的身影。于他，她是神姿仙态的。她在他心海里游弋，如月下扁舟，让他意乱神迷。当然，他更希望她的心里，有他驻足的地方。

他总是独自前往天仙园，生怕母亲相随前去。他只愿，独自欣赏那女子的美丽。若是母亲在身边，他必然会不自在。从天仙园回到家里，如果母亲问他去了何处，他总会胡乱搪塞。他会说去给朋友刻印了，他会说去赏景写诗了，他会说去拜访某位老先生了。无论如何，他不会说，他去天仙园了。他不想让母亲知道，他喜欢上了那个唱戏的女子。

毕竟那时候，在许多人看来，风月之地没有清白可言。从那里走出的女子，是很难被世俗之人接纳的。如董小宛那样，以烟花女子的身份，嫁给冒辟疆，还能过几年幸福日子的，实在太少。

实际上，此时的王凤玲，已经开始为李叔同物色妻子的人选了。他已成年，该成家立业了，她这样想着。到底是桐达李家，愿意与之结为姻亲的不计其数。此刻，王凤玲望着写有生辰八字并附有照片的红纸，不住地点头或摇头。

那些天李叔同总是往外面跑，她心想，等他成了亲，就会定下心来。他会认真生活，会参加科举，会承担家庭的重量。然而，李叔同天性不喜拘束，无论是家庭还是功名，他都不在意。至少在此时，他想要的生活，是吟风赏月，是诗酒流连。自然地，他希望，这样的生活里，有那个叫杨翠喜的女子。

如许多风月故事里的女子，杨翠喜很少为谁动情，除了那个叫李叔同的才子。她听说过他，知道他俊逸的外表下，更有惊世的才华。天仙园里来往的人很多，其中也不乏多情公子。只是，那些人大都庸俗轻狂，与她交往，不过是图那片刻的欢情。她尽力应付，心里到底是厌恶的。

而李叔同，看着她的时候，她从他的眼神里读出了真诚。她相信，他是愿意与她以心灵相交的，而不只是觊觎她的美丽。所以，她愿意将他请入自己的生命里。她愿意为他，抚琴唱曲，做他笔下的红颜。

这天，李叔同又去了天仙园。她在台上，他在台下，两个人目光相遇，觉得是暖的。台上的风流，台下的痴情，刹那间纠缠，成了故事开始时的灯火阑珊。

散场之后，她的脑海里还在盘旋着他的目光。这时，她被告知，有人求见。原本，她是不愿见的，只因每日见的人已经太多。好戏散场，繁华落尽，如百花凋零，她每日都要面对这盛极的场面和之后的寥落。她习惯了孤独。

但是这天，她心里知道，求见她的必定是他。她愿意见他，因为她相信，那个风流俊逸的才子，能够以诗人之手，温暖她荒年里的心事。她相信，他会懂她的悲喜。

然后，他们终于相见了。她也没有刻意演出惊喜，只是淡淡地看他走来，在她面前站定，激动得说不出话。其实，无需言语，她已知晓他的心事，她毕竟是见过世面的。只不过，从来没有哪个男子，能让她如此欢喜。他是才子，诗词书画无不精通，偏又这样深情款款，她无法不动心；她呢，凌波微步巧笑嫣然，举手投足，尽是风情，早已是他沉湎的风景。

月下的小楼，故事悄然开始，如久别重逢。

他们依偎着，话很淡，情很浓，烛火照着长夜的呢喃。

就像诗人顾城所写：草在结它的种子，风在摇它的叶子，我们站着，不说话，就十分美好。世间的人们，在相爱之初大抵如此。依着彼此，看山看水，听风听雨，心里总是欢喜的。

是这样，故事开始的时候，总有看不尽的芳草萋萋。

遇见彼此，满心欢喜。你是我的西楼月满，我是你的花开陌上。

直到后来，在彼此心里渐行渐远，才终于明白，这世上还有悲欢离合这回事。

燕支山下人如月

这世上，明丽与黯淡，欢喜与落寞，隔得并不远。

眼前花开如梦，身后落花成冢；此处天高云淡，彼处落木萧萧。

明暗交替，聚散相依，才是真实的红尘。白日放歌，关山行遍，走得畅快淋漓。只不过，夜深人静，浊酒入心，免不了伤怀。终究，滚滚红尘，我们只是过客，来得寂静，去得匆忙。醉意也好，欢歌也好，不过是朦胧的兴味，总会散落，沉入时光。事实上，即使是朝夕之间，也总有天上人间的惆怅。

十八岁的李叔同，并不似看上去那般快乐，甚至有些苦闷。首先，他从小长大的那个家庭，始终是死气沉沉的。偌大的庭院，花开得再好，灯点得再亮，也改变不了它的死寂和凋敝。人越来越少，却还有人苦心地算计着。就像旧时多数的大宅院，迷离的灯火里，掩着许多绝望的灵魂。李叔同厌恶那座庭院。

其次，在书海游历多年，他明白了许多事情。他的领悟远超于常人，渐渐长大以后，他突然发现，兄长文熙告诉他的许多事情，是无味的，甚至是可笑的。对于世界，对于生命，他都有自己独特的认知。在他心里，世界该是明丽多姿的，生命该是风雅绚烂的。他不愿走别人都在走的路，于他，那是苍白的人生。

他有着与生俱来的倔强，而且口才极好，加上饱览群书更是洋洋洒洒，无论是母亲还是兄长，都无法与他言语争锋。渐渐地，带着几分清傲，他走入了自己的世界。那里未必花开正好，却定是清净和清朗的。在那里，他不愿理别人，也不愿别人打扰他。

以前是这样，他什么都愿意学，无所谓理想与兴趣。儒家的典籍，佛家的经论，街坊的管笛，文学上的钟王曹魏，文学上的唐诗宋词，总是肆意游走，时常沉醉其中。但是在十五岁以后，他有了不寻常的判断力和鉴赏力，于是对于那些不喜欢的东西，他开始弃之如敝履。比如世人争相前往的仕途，比如那些道貌岸然的假道学，比如冷冷屹立着的贫富贵贱。在李家，他找不到快乐。或许，整个世界，也不见得有他想要的快乐。

所有的喧嚣与惝恍，都会让他日渐憔悴。所以后来，他选择了放下。

人去人来，缘起缘灭，这世界总在变幻之中。他需要纯粹的安宁。

而此时，他还在红尘闹市。白日的人影凌乱，夜晚的灯火凄迷，包围着他的年轻。他想，世界不该是这样的。在同古人谈天说地的时候，他其实是落寞的。在他落拓的外表下，装着苦闷的灵魂。

他写诗，将心事放在平平仄仄里。他的诗未见得旷古绝今，却都是性灵的真诚之语；他写字，走笔之间，不无自在。他写前人百家的书法，但是到最后，却没有任何前人的痕迹。那样的古朴无锋，那样的藏神蕴骨，是他的手笔。当然，他也弹琴或者作画，有时候还会刻几枚印，都是人生乐事。即使如此，仍难扫去心中烦闷。

所以，他更愿意走出去，不是喜欢那个花花世界，只是将自己放逐在人海。

外面，市井之中，至少是有烟火味道的。

而且，还有个叫杨翠喜的女子，在人海深处等着他。从相见那日开始，她的门扉便时常为他开着。他仍会去梨园看她的戏，看她台上的绝代风华。然后，趁着夜色，去到她的寓所，缠绵缱绻。

燕支山上花如雪，燕支山下人如月。额发翠云铺，眉弯淡欲无。夕阳微雨后，叶底秋痕瘦；生怕小言愁，言愁不耐羞。

缱绻之意，莫过于此。数年之后，他写了这首《菩萨蛮》，当时的画面历历在目，人却已是两处天涯。不过，至少此时，在他白衣翩翩的年岁里，他们是幸福的。夜半私语，灯火阑珊，没有人说起散场。

或许她在想，纵使繁华总会落去，有他陪伴，便也不会寥落了。他们携手走在人间，寻常的巷陌，烟雨和斜阳，是他们路上的风景。他的才华如万花筒，从容从这里，过渡到那里。他为她讲解戏曲的渊源，讲解起承转合里的况味，她听得入神，目光里满是痴情。经他的点拨，她在戏台上更是游刃有余。

在他们百般缠绵的时候，王凤玲却是忧心忡忡。不知从何时开始，李家三少爷与戏子厮混，这样的传闻不胫而走，很快就传到了那座宅院里。为此，文熙和二太太张氏的脸色越来越冷淡。每当王凤玲在院子里走动，总能听到家人的风言风语。

王凤玲知道，如果任李叔同放肆下去，他的人生怕是就毁了。她本就在为儿子物色未来妻子，此时更是加快了步伐。不久之后，她看中了南运河附近芥园俞家的姑娘。虽然家境平常，但是俞姑娘也算花容月貌，知书达理，王凤玲很满意。

只是，李叔同不满意。只因那个女子不叫杨翠喜。即使母亲说，在娶了俞姑娘之后，在将杨翠喜纳进来做妾，他仍是不满意。他的心里只有杨翠喜，若要天长地久，他只愿身边那个女子是她。他愿意为她写诗，愿意为她，月下浅画蛾眉。

爱就是这样，整颗心给了某个人，便再也容不下别人。

若心中还有空地，让其他人种花种草，恐怕就不算爱得痴情。

但是李叔同，不愿违拗母亲。凄迷人间，母亲给了他最多的温暖。对他的爱，母亲从来没有保留。他是个懂得感恩的人，不想让母亲伤心。所以，尽管不乐意，他还是同意了这门婚事。

倔强的李叔同，原本是带着傲气活在人间的。对于那些纨绔子弟，对于那些读着圣贤书却满脑子男盗女娼的人，他向来嗤之以鼻，并且从不退让半分。只有母亲，是他的软肋。在她面前，他只愿做个贤孝之人，几乎是惟命是从。对他来说，母亲如天。所以他常说，母亲是天，即使是皇帝也不能与之相比。

大宅门里的女人，不知道外面世界的风起云涌。但他知道，大清王朝气数将尽。

这是 1897 年，光绪二十三年，李叔同参加了天津儒学考试。对于那个没落王朝举行的考试，他原本是很抵触的。但为了讨母亲欢心，他还是去参加了。考试进行了多日，结果却是惨淡收场。

对此，李叔同看得很淡。他知道，科举这件事，不过是天下读书人自愿走入皇家的囚笼。何况，此时的大清王朝，在那个骄横的女人手里，已到了山穷水尽之地。再者，骨子里的澹泊，也让他对追名逐利之事没多少兴致。或许，在别人因科举失意而垂头丧气的时候，他的心境却是如柳永这般：

烟花巷陌，依约丹青屏障。幸有意中人，堪寻访。

且恁偎红翠，风流事、平生畅。青春都一晌。忍把浮名，换了浅斟低唱。

千年前的柳永，科举折戟沉沙，便自称白衣卿相，纵情于烟街柳巷，开始了无拘无束的生活。他的任性与不羁，封建士人自然很是不屑。但他不在意，就喜欢放浪形骸。他不要浮世虚名，只要浅斟低唱。

或许，在科举失败后，李叔同也大抵是这般心境。于他，功名富贵，终究比不上雪月风花。只是后来，他突然了悟，远离了浮华世界，风流不羁也便成了岁月尘屑。那时候，他独坐佛前，万里浮云，悲欢聚散，都看得无比透彻。

那年冬天，寒冷的北方。俞家的女儿坐着八人大轿，嫁入了李家。从前，有许多女子嫁入这里，带着富贵或者幸福的梦。可惜，大部分只落得独守空闺的下场。门户越大，就越是藏着荒凉。不管怎样，俞姑娘嫁过来了，凤冠霞帔，步履款款，她也是个美丽女子，却没有走入新郎的心里，似乎从来都没有。

李叔同与俞氏的婚事，在天津城轰动了半边天。然而在李叔同心里，这场盛大的婚事却没有多少分量，甚至还不如他在天仙园看戏来得快活。

红烛之下，美人如玉。但他们，却仿佛隔了千山万水。

纤云弄巧，飞星传恨，银汉迢迢暗度。金风玉露一相逢，便胜却人间无数。原本，新婚的情景应是如此。而他们，却是相敬如宾地度过了那个夜晚。此后的许多夜晚，他们都是这样度过的。他对她，说不上喜欢，也说不上讨厌。总之，她入不了他的心。

在他的新婚之夜，天仙园里格外热闹，戏台上那女子衣袂翩翩。深情与薄情，都在戏词里。他曾告诉她，所有的戏词都是真的。他还告诉她，再好的戏也不比世事更曲折，果然如此。不久前，他们还在小楼上相拥入眠。

此时，她在戏里千回百转，他在戏外暗自伤神。她伤心了，他何尝不是。

巫山往事，朝云暮雨，来时迷醉，去时萧索。

这人间，总有人说起风月无边。

第二卷：诗酒趁年华

城南小住，情适闲居赋。文采风流合倾慕，闭户著书自足。
阳春常驻山家，金樽酒进胡麻。篱畔菊花未老，岭头又放梅花。

风云变幻

红尘陌上，我们都是异乡之人。

我们最终都要远行，与所有的从前告别。

无论走了多远，仍有路在前方，连着尘缘，连着万千悲欢离合。遥远的路上，月缺月圆自有定数，花开花谢总是心知。相聚和离别，灿烂与萧索，都在不经意间变换。终于，我们走得形单影只，却拥有了丰盛的自己。

年轻的李叔同，还有很长的路要走。烟雨断桥，西风古道，还有许多或明或暗的故事，等着他走过去。北方的天空下，他伫望那世界，很混乱，很荒凉。宏伟的紫禁城，早已掩不住大清王朝的惨淡。指点江山的，是帘幕后面那个苍老的女人。说着可悲，却保持着惯常的醉生梦死，是麻木的人们。

那年冬天，李叔同完成了别人所说的终身大事。但他自己，并不看重那场婚姻。不得已答应母亲娶那位俞姑娘，但他对她，始终是不冷不热。至于天长地久，更是无从说起。他心里住着的，是天仙园里的那个女子。

新婚不久，他再次出现在杨翠喜的身边。她嗔怪着，假装不理他。他揽她入怀，逗她笑逐颜开。她知道，他有他的无奈。她只是个戏子，而他是李家少爷。在世俗的规则和世人的眼光里，他们之间有着深不见底的鸿沟。她只好忍着心伤，享受花前月下那残缺的美丽。至少她知道，他的温柔是真实的。

几十年后，痴情的石评梅曾这样说过：我自从混迹到人间，便忘却了我自己，在你的灵魂里我才知自己是谁。大概是这样，遇见李叔同之前，杨翠喜的人生不过是逢场作戏。在日日虚假的欢笑里，她麻木地忘记了自己。

而在李叔同的身边，她终于知道，她的人生是有颜色也有重量的。在他的诗里，在他的心里，那个羞涩而明媚的女子，的确是她。只有在他的生命和灵魂里，她是这副模样。但她深知，她只能是他的红颜。

也好，纵然只是几日的温存，她也认了。反正人生如梦，反正她只是乱世浮萍。如此想着，她和他走入了夜的深处。人间聚散，暂且不管，就那样，融化在彼此的灵魂里。她心想，这就足够了。

至少，在那才子的心里，她尽情地绽放过。

纵然刹那凋零，也算不枉此生。她是这样想的。

世间聚散，总有因果。缘起时的月下缠绵，缘尽时的午夜梦回，故事里零零散散的人们，茫然地说着情深缘浅。很多时候，红尘离散，说不上谁负了谁。走着走着就散了，不是薄情，不是寡义，或许只是烟月太浓。

有时候，李叔同也会登上戏台唱上几段。不为别的，就是想唱。戏是他自己选的，妆是她给他扮的。走入戏里，迈着方步，说着念白，竟也是有模有样。他就是这样，无论做什么，总不会让自己失望。

李叔同的人生，从来都不是循规蹈矩的。别人走过的路，他不屑再走；别人看过的景，他无心去看。他想要的，就是将短暂的人生，过出少有人知的兴味。填词写诗，雪月风花在他的韵脚婉约；写字作画，云烟山水在他的笔端徘徊；登台唱戏，聚散离合在他的心里沉默。

最终，他入了空门，万丈红尘在他的门外浮沉。

他淡淡地望着来处，又似乎从未有过来处。

李叔同婚后的次年夏天，戊戌变法发生。长期受尽压制的光绪帝，支持维新派人士进行了变法，倡导学习西方，提倡科学文化，改革政治和教育制度，发展农工商，希望以此改变国家颓势。

戊戌变法的主要内容是：改革政府机构，裁撤冗官，任用维新人士；鼓励私人兴办工矿企业；开办新式学堂吸引人才，翻译西方书籍，传播新思想；创办报纸，开放言论；训练新式陆军海军；规定，此后的科举考试废除八股文，取消多余的衙门和无用的官职。

愿望是好的，也让许多人在热血中奔走四方。就好像，这场改革真的可以挽大厦于将倾。可惜，那只是黄粱美梦。年轻的光绪帝终究是太天真，垂帘听政的慈禧太后，以及唯她马首是瞻的那些人，眼看自己的利益受到侵害，以无比迅疾的速度，阻止了这场变法。轰轰烈烈的维新运动，百日之后就偃旗息鼓了。

结果是，光绪帝被囚禁至中南海瀛台，维新派的康有为和梁启超逃到了国外，谭嗣同等六人血溅天津。在守旧派眼中，他们是乱国之人，但人们将他们称为戊戌六君子。人们都记得谭嗣同正气凛然的句子：我自横刀向天笑，去留肝胆两昆仑。

可惜，碧血丹心，终究是落寞了。

历史若是有情，下笔的时候，怕也会带着几分悲伤。

原本，戊戌变法与李叔同是无关的，尽管意气风发的他曾经希望，那样的风潮里有他的身影。后来，镇压变法的活动愈演愈烈，与康有为和梁启超有关的人都受到了牵连。李叔同曾刻有印章“南海康君是吾师”，并因此被扯了进去。朝廷草木皆兵，官兵四处抓人，李叔同眼见天津非久留之地。

他是个文人，喜欢吟诗作赋，喜欢流连风月。但其实，他对于政治格局，对于乱世里的风云变幻，都看得清清楚楚。大清王朝危如累卵，四方列强虎视眈眈，革命的风声此起彼伏。整个北方都在那个老女人的掌控下，动荡中的人们，慌乱地寻觅着栖身之地。倒是南方，因为天高皇帝远，人们活得有些生气。

他想去上海，因为他知道，上海是长江以南的人文集萃之地。那里，少的是复古的思想，多的是鲜活的潮流。他早已厌倦了北方的死气沉沉，所以想趁此机会，去到陌生的南方，让自己年轻的生命行走在自由的天空下。

很快，李叔同将自己的想法告诉了母亲。他告诉母亲，北方局势乌烟瘴气，再待下去已无意义；而南方，新生事物颇多，去那里定然大有可为。王凤玲同意了。她知道，李叔同是个极有主见的人，他对许多事都有准确的判断。他已经成年，作为母亲，王凤玲愿意看他当机立断，坚定地走自己想走的路。

而且，王凤玲也早已厌倦了李家那座宅院里的生活。那个地方，除了死寂，还满是腐朽的味道。看看镜中的自己，不到四十岁，却已是老态尽显。其实，她也很想远离那个无味的地方，去外面的世界看看。所以，她没有多少犹豫，就同意了李叔同的想法。至于俞氏，选择了默认。有丈夫和婆婆在，她似乎只有沉默的份。

总之，他们很快就达成了共识，并选好了南下的日子。对李叔同来说，上海的确是个好去处。他喜欢自由，那里从来不缺自由；他喜欢诗意，那里多的是诗意。文人雅士，缱绻风流，那里都有。迷离的灯火里，有迷离的故事。

此时的李叔同，已有些迫不及待。他相信，去到上海，诗情与性情，风雅与快意，都可以尽情流放。他的生命，他的心魂，都是翩然的。所以，他应该属于那座并未陈旧的城市。只是，那个叫杨翠喜的女子，还在他心里住着。

天津让他不舍的，也就是这个女子了。家族的富贵，他几乎没有兴致；凌乱的世事，他早已觉得苍白。但那女子，是他人生之初最美的遇见。月下的喁喁私语，风前的把酒言欢，还有那些夜半时分的缠绵，都历历在目。他不舍得，留她在风烟弥漫的岁月里，尝尽人间冷暖。可他知道，他必须离开。

他应是属于远方的。春光旖旎也好，秋风萧瑟也好，花明柳暗也好，雨雪霏霏也好，去到遥远的地方，经历无数的聚散得失，终于将自己走成道路，通向空明了然，这才是李叔同的人生。

这天，他又去了天仙园。熟悉的戏词，熟悉的身段，那是戏里的杨翠喜。人们尽情喝彩，只有他沉默着，那是悲伤的神情，她在台上看在了眼里。她心里明白，他不是笼中之鸟，终会飞向属于他的天空。

夜凉如水。散场后他再次去了她的住处，她为他点起灯火，灯影下的他满是不舍。他说，只是去南方避难，定会回来接她。她点头，笑得凄然。世事如谜，所谓的再会，或许只是后会无期。但她愿意，笑着为他送别。

灯火即为诗

许是这样，万水千山行遍，我们仍在来处。

但我们总要上路。看过的都是风景，走过的都是沧桑。

万丈红尘，茫茫人海，要走很远的路，才能与那个真正的自己相见。不上路就不知道，我们可以穿越风雨；不上路就不明白，人生只如大梦无言。少年的稚拙，青春的激越，终会渐渐消散，成为路上温暖的灯盏，照亮未知的前方。所有失去的，定会以别的形式回归生命之途，让行囊饱满。

终于，李叔同带着母亲和妻子离开了他生活了十八年的天津。那是1898年秋，天高云淡的日子。不管前路如何，反正他已经出发。南方在他心里，是温润的，亦是多情的。他去那里，不为繁华里的车水马龙，只为幽雅处的诗情画意。

带着诗南下，他走得义无反顾。他知道，有诗的地方就有知己。当天津被远远地抛在身后，蓦然间想起，那里有个叫杨翠喜的女子，在戏台上演着欢喜，在人海中饮着悲伤。他不愿如此，却也没办法。

没过多久，李叔同就在上海了。行人络绎不绝，故事百转千回。如许多地方，这里的道路，也在静默中被踩成了沧桑。十里洋场灯火辉煌，醉意十足的人们，调笑着，也沉湎着，多的是肆意欢畅，少的是含蓄矜持。

于李叔同，这是个陌生的地方；于这座城市，他是个异乡的来客。

他与它两不相识，却也不算太陌生。当他在城市的某个角落停下来，临风而坐，执笔蘸墨，写几行句子，画几幅丹青，便会被那城市识得。他是李叔同，无论在那里，都不会沉寂太久，除非他愿意沉寂。

应该说，对于上海，李叔同是喜欢的。只不过，有些事情他不喜欢却又无法避开。离开津门李家，看上去是天空海阔，但生活毕竟不是走马观花，也不是简单的临风对月。真实的生活，往往是琐碎而枯燥的。

李叔同是个性情简单并且有着唯美倾向的人，吟诗作画是他擅长也钟情的事情，但是处理生活俗务或者人际关系，他不仅不在行，也没有什么兴致。如果可以，他大概只愿活在自己的世界里，不打扰别人，更不愿被打扰。

现在，陌生的上海，他做着最不擅长的事情。他已经成年，娶了妻子，是这个家里的顶梁柱，许多事必须由他出面处理。首先，他带着二哥文熙给他的地址和书信去申生裕钱庄接洽，因为文熙的信里已交代清楚，李家在申生裕钱庄设有柜房，理应分得相应财资收入以供他们日常开支。

然后，带着几分忐忑，他租到了几间旧屋。这样的屋子，自然无法与他们以前住的房子相比，但是经过仔细打扫，倒也算清静明亮。不管怎样，在那座繁华的城市里，他们总算安顿下来了。做完这些对他来说很是费神的事情，李叔同如释重负。他开始认真打量那座城市。

街巷是宽敞的，灯火是妖冶的。行人步履匆匆，或许是归人，或许只是过客。这样的城市，不拒绝谁，却也不会为谁喜笑颜开。它沉默着，不喜不悲，对所有人都如此。

李叔同在窗前坐定，几分悠然快意，几分气定神闲。

该以什么韵脚，为这座城市加冕，以诗的名义。他默想着。

也许，灯火即为诗；也许，繁华即为赋。生活如诗，处处有平平仄仄，只是韵脚难寻。正因如此，同样的柴米油盐，有人过得闲适，有人过得凌乱。应该是这样，以何种心境存在，生活就会呈现何种模样。

上海的秋天，不似北方那般凉。趁着夜色，吟几首诗词，写几篇文章，南方的日子就这样在文字中开始了。因为衣食无忧，李叔同有足够的闲情来遣词造句。他想着，以这些诗词文章作为敲门砖，定能敲开上海文坛的大门。他将其投给报刊文社，而且经常参加文士们的集会。

数月之后，李叔同加入了城南文社。那里，有他喜欢的风雅和写意。文人相聚，把酒言欢，品茗写诗，都是难得的乐事。入社的文题是《朱子之学出于延平，主静之旨与延平异又与濂溪异，试详其说》，诗题是《拟宋玉小言赋》，皆由儒生张孝廉出题。

李叔同写得极是认真。他有着与生俱来的骄傲，不允许自己落于人后。在那座陌生的城市里，他告诉自己，必须以才华横溢的姿态出现。尽管他是为避祸而来，但他不允许自己显出丝毫的落魄。

他是才子，风采风流，笑傲人群之中，在天津如此，在上海如此。于是，从容落笔，洋洋洒洒，得到了所有人的认可。上海的文人雅士，对这个来自北方的才子，很快就另眼相看了。

城南文社设在华亭诗人许幻园的宅院里。流水小桥，水榭亭台，应有尽有。春有杨柳堆烟，夏有清风徐徐，秋有月光如水，冬有暗香疏梅。到底是江南，山水草木，都透着几分诗画韵味。李叔同喜欢这里，不仅因为那份清雅，更因为，那里有可以与之浅酌低吟的知己。

对他来说，繁华也好，名利也好，都比不上三五知己临风把酒。

他的性情，不适合追名逐利，不适合苦心孤诣。

只适合简单地生活，有诗有画，有风有月。

因为这样的性格，在城南文社，李叔同很受欢迎。他有惊世之才，又有颗清淡之心，对人无比真诚，从不虚与委蛇。与这样的人倾谈唱和，无疑是人生幸事。后来，应好友许幻园之邀，李叔同携妻眷搬到了城南草堂。那年春天，李叔同作《二十自述诗》：

蹉跎往事付东流，弹指光阴二十秋。
青眼时邀名士赏，赤心聊为故人酬。
胸中自命真千古，世外浮沉只一鸥。
久愧蓬莱仙岛客，簪花多在少年头。

城南草堂里有座玲珑楼，名叫天籁阁，幽雅而别致，是吟风弄月的好地方。许幻园被人戏称为许仙，是典型的江南文人，夫人宋贞宋梦仙亦是诗词书画样样皆能。驳杂的城市里，这夫妻二人常去天籁阁，摆弄丹青，唱和诗词，可谓是神仙眷侣。兴致来了，他们还会续写《红楼梦》，日积月累，竟续出了八种，如《复梦》《补梦》《后梦》《绮梦》等等，取名为《八红楼》。

这是李叔同喜欢的生活。但是现在，他的身边少了能为他捧砚添香的红颜。杨翠喜知他心事，却在遥远的北方。有时候，他想把她接到上海，却总觉得不妥，毕竟住的是别人的园子。至于妻子俞氏，从来都不会出现在他红袖添香的画面里。

与那些温婉多情的女子相比，妻子俞氏太过沉静。而且，他与她成亲，只是为了让母亲安心。他们之间，的确存在着很大的距离。俞氏虽然贤惠，愿意毫无怨言地相夫教子，但她无法成全他花红柳绿的梦想。

在他的面前，她甚至有些卑微。后来，李叔同在南洋公学，住在学校里边。大雪纷飞的冬天，母亲和俞氏去学校给他送衣物，好不容易才找到他的宿舍。看到母亲出现在眼前，李叔同赶紧把她请进房间。母亲用手指了指门外，李叔同抬眼望去，看到俞氏远远地站在雪地里，怯怯地望着这边，雪花飘飘洒洒地落在她的头上。

母亲告诉李叔同，俞氏不愿意出现在丈夫同学的面前，生怕说错什么话给丈夫丢脸，所以只是远远地等着。那个瞬间，李叔同在感动中更有些愧疚。但也没办法，无论如何，她不是他的知己红颜。对于李叔同来说，俞氏虽然枕边之人，却又永远在他的世界之外。可以说，他们之间的距离，就是诗人与俗世之间的距离。

俞氏有了身孕，按理说，这是应当欢喜的事情。但是李叔同，却有着本能的抗拒。对于家庭，对于延续香火，对于承担生活的重量，他从来都是抗拒的。1900 年，他的长子出生。城南草堂里，所有人都无比欢喜，他却怎么都高兴不起来，甚至有些莫名的悲伤。他为儿子取名为李准。看着这个小生命，他很是迷惘。

世间俗事太多，他都无心面对。他喜欢的，是闲云野鹤的生活。自在地游走于人世，填词写诗，弹琴作画，这才是他想要的生活。家室与事业等字眼，都让他避之唯恐不及。所以，儿子出生，他却写了下面这首《老少年曲》，几分自嘲，几分惆怅。

梧桐树，西风黄叶飘，夕日疏林杪。花事匆匆，零落凭谁吊。
朱颜镜里凋，白发愁边绕。一霎光阴，底是催人老。
有千金，也难买韶华好。

天涯五友

苏东坡说，诗酒趁年华。

一壶月光，几行平平仄仄，已是半醉半醒。

几杯浊酒，半窗幽幽暗暗，也可不悲不喜。

总是在不经意间想起这样的情节：凉风习习的午后，捧书独自窗前，伴着茶香，任由思绪飞越天南地北；白雪纷纷的冬夜，邀三五知己，围炉煮酒，共话沧桑，忘记尘世万千悲愁。那样的画面，让人沉醉，也让人失落。如今，狂乱的人世间，那些动人的情节还有几人记起？

繁华中的人们，苦心追逐着所谓的人生价值，却不知，人生的美妙处，不在于得到多少，而在于即使两手空空，也能笑看风云。生活，原本可以简简单单，不妄求，不浮躁，清淡如水。

无论是谁，心中总有几分诗意，总会偶尔想起远方，想起陶渊明，想起东篱采菊、南山种豆的悠然。但是，岁月会带走许多东西，比如青春和烂漫，比如天真和清澈。多年以后，我们甚至不敢回味人生，只因会发现，不知不觉间，我们已不是原来的自己。

李叔同是少有的能够保持真我的那种人。世事浮沉，沧桑变幻，他总是保持着自己喜欢的姿态。他活得很明白，喜欢什么，厌恶什么，分得清清楚楚。虚名与浮利，富贵与显赫，他都没有兴致。甚至，就连家庭，他也有些望而却步。

他喜欢的，是疏疏落落的日子，没有无味的细枝末节，没有苍白的起承转合。有诗有酒，有花有月，就已经足够。他喜欢独处，月下独酌，填几阕词，吟几行诗，陶然无尘。他也喜欢与知己相聚，品茗写诗，闲话风月。只是，滚滚红尘之中，能有幸被他视为知己的，实在寥寥无几。

对李叔同来说，上海的日子是写意的。搬到城南草堂后，许幻园专门开辟了书屋，供李叔同读书之用。那是个幽静的所在，李叔同很是喜欢。在这里，他有大把的光阴写诗作画。有好友携酒而来，他们就在草堂里把酒言欢。

城南小住，情适闲居赋。文采风流合倾慕，闭户着书自足。

阳春常驻山家，金樽酒进胡麻。篱畔菊花未老，岭头又放梅花。

因为志趣相投，李叔同与袁希濂、许幻园、蔡小香、张小楼结金兰之谊，号称“天涯五友”。每日饮酒吟诗作画，日子过得逍遥快意。宋梦仙写有《天涯五友图诗》五首，写李叔同的那首是这样：李也文名大如斗，等身著作脍人口。酒酣诗思涌如泉，直把杜陵呼小友。

李叔同作了首七绝《和宋贞题城南草堂图原韵》：门外风花各自春，空中楼阁画中身。而今得结烟霞伴，休管人生幻与真。闲适自在之情，尽在这平仄之中。

只不过，他是这样的人，悲也好，喜也好，都很少形于色。推杯换盏，诗酒唱和，他也总是淡淡的，从不过分热烈。只有真正了解他的人才会明白，那些有诗有酒的日子，他是快活的。

可以肯定的是，纵是与知己共饮，他也极少醉去。他总是格外清醒地看着那个世界。分分合合，起起落落，日日都在上演。他像是站在红尘之外，看红尘里的故事曲曲折折。许是太清醒，以致于无比孤独。所以最终，他退出了。

文人相聚，对酌流年，总是带着几分醉意。依稀看去，竹林里，人们仍是衣带生风，酒杯里盛满月光，酣畅地说着人生如梦；兰亭下，天朗气清，流觞曲水，挥毫之际，沧海桑田尽在笔端。漫长的岁月，尘封了太多诗意的画面。但我们，仍能穿过历史的微光，看到那种独属于文人的景致，叫风雅。

城南草堂里，李叔同等人的相聚，大概是这样：绿竹入幽径，青萝拂行衣。欢言得所憩，美酒聊共挥。长歌吟松风，曲尽河星稀。我醉君复乐，陶然共忘机。

无论晴雨，无论春秋，有知己相伴，日子便是美丽的。绿竹幽径，没有纷扰萧瑟；草堂柴门，没有浮华喧闹。城南草堂，有的是散淡的情怀，有的是把酒的快味。

人生很短，来不及看清流水，就已逢着了落花。

于僻静之处，种花种草，种夏风冬雪。

一怀明月，两三知己，活得疏淡清雅，其实也挺好。

那年，李叔同在机缘巧合下购得了一方砚，是汉代甘林瓦砚，由上乘陶土澄洗后取其最细的泥做原料烧制而成。观若碧玉，抚若童肌，储墨不涸，积墨不腐，瓦文为双线分隔之“甘林”二字，砚缘雕有云纹。

世事流转，尘缘聚散。或许，尘埃草木，也有自己的归宿。

或许，所谓归宿，也只是未知的遥远。

这方砚，两千年以后，依旧在人间辗转。而它曾经的那些主人，早已沉寂了。其中不乏才情出众之人，比如乾隆年间的大学士纪晓岚。但他，纵有惊世之才学，终究也将自己还给了岁月。李叔同对这方砚颇为珍视，他相信，与之相遇是难得的缘分。对许多事情，他都愿意用缘分来注解。聚散得失，浮沉悲喜，都是缘分。大概的确如此。

某日，李叔同在报纸上登了征集广告，以纪晓岚亲撰的《砚铭》为引子，寻文人雅士为这方古砚题诗。纪晓岚那段铭文是这样的：“余与石庵皆好蓄砚，每互相赠遗，亦互相攘夺，虽至爱不能分割，然彼此均恬不为意也。太平卿相，不以声色货利相矜尚，惟以此事为笑乐，贻以后来之佳话否。”

李叔同又把古砚拓了几十张，送给文艺界好友，上海的文人墨客争相前来为这方古砚题诗。最后，共有三十九首题诗入选，加上古砚手拓和纪晓岚的《砚铭》，李叔同编辑了《汉甘林瓦砚题辞》共二卷，都分送给了至交好友。

李叔同除了参加天涯五友的诗词唱和外，又与张小楼、许幻园、吴宜中等发起创办了海上书画公会，作为同人品书论画之所，并因此结识乌目山僧宗仰上人、上海名画家任伯年、朱梦庐、高邕等。书画公会每周定期出版刊物《书画公会报》。李叔同作为其编辑，还将自己的文字集结成册，取名《李庐诗丛》和《李庐印谱》。

至少在李叔同自己看来，日子是充实且快乐的。有诗画，有知己，有闲情逸致，他喜欢这样的生活。申生裕钱庄里桐达李家的柜房定期拨钱过来，足以支撑他们的日常开销，所以他无需为生活担忧。

但他看得出，母亲对他有些失望。他已经做了父亲，按理说该认真规划自己的人生。去考功名，去光耀门楣，去桐达李家要回属于他的那份家产，这是母亲对他的期望。可是实际上，他却是寄居在别人的园子里，过着无所事事的生活。他性格倔强，母亲拿他没有办法。

母亲所想的那些事，他不是不懂，只是不喜欢。对他来说，不喜欢就只能抛诸脑后。考取功名，他不喜欢；经营事业，他不喜欢；承受重量，他不喜欢。世人喜欢和追逐的事情，他都难以上心。

那日，他在书房独坐，袁希濂带了酒来，他便兴冲冲地去了，他喜欢那月下的诗酒畅谈；那日，他写了几句诗，张小楼带来几幅偶得的字帖，他立刻来了兴致，他们在池边谈笑，他是那样的尽情；那日，他在作画，许幻园走进来，拿过他手中的笔，在画上点了几笔，他说那画有了风情。

他有雅兴，亦有闲情。日子在他手中楚楚可怜。假如没有这些朋友，他大概也能过得悠然。但他，喜欢那些有知己相伴的日子。真正的知己是这样，你的性情，你的情趣，你的悲喜，无需多言，我都明了。只可惜，芸芸众生之中，最难得的就是知己。大多时候，欢喜与忧伤、清朗与荒凉，都只有自己知道。

那些年的上海，有人在欢笑中凋零，有人在灯火里幻灭。却也有人，在草堂里，诗酒趁年华。那是李叔同，和他生平好友。原来，不管在何处，生活的情调都是由心性和志趣决定的。山重水复，也总有人幽篁独坐；日光倾城，也总有人终日不安。

李叔同不喜复杂，他喜欢平淡简单的生活。没有争斗，没有彷徨，没有妄求，没有机心，他希望身处的世界是这样。有绿水青山，芳草斜阳，便好；有小径炊烟，月白风清，便好。自然地，还要有几个知心的朋友。世事荒凉，尘烟散漫，有了知己，就有了温暖。

独处的时候，他喜欢这样：孤云独去，夜静山空。

他有他的世界。那里，长满风月，长满诗赋。

就是不长烟火。

世事迷离

以浏览之心，去看待人生。

得与失，隐与显，都是风景与风情。

有些人只能缅怀，有些事只能回忆。人间陌上，我们终须随缘。

日子过得有声有色，但是偶尔，李叔同还是会感到失落，只因他的身边缺了个可以与他吟风赏月的女子。妻子俞氏显然不适合这个身份，她虽然日日见他，却永远也走不进他的梦中红楼。

他念念不忘的，是那个明媚动人的女子。如果可以，他只愿与她西窗小酌，无论戏里还是戏外。但是现在，他们离别已经三年有余，他不知道，如今的她身在何处。乱世的烟波里，所有人都是浮萍。忆起当年那些缠绵之事，他决定去天津。他想着，该把那女子接到上海，给她乱世的温暖。

很意外，王凤玲并没有反对。儿子的脾性他清楚，反对也阻止不了他的行程。很快，李叔同就登上了北上的客船。苍茫的海上，他心想，那座他熟悉的城市里，至少还有个多情的女子为他亮着灯。他有些迫不及待。这是 1901 年初春。

但是，当船驶入大沽口，眼前所见让他惊呆了。曾经繁花似锦的地方，如今处处都是断壁残垣。他知道过去那年发生的事情，却料不到，天津会变成那副模样。

1900 年，义和团数万团民涌入北京，以扶清灭洋为口号，拔除电杆，拆毁铁路，焚烧教堂，杀害洋人和教民。清政府便决定以义和团之力来打击洋人。为了扑灭义和团的反帝斗争，扩大对中国的侵略，英、美、法、俄、德、日、意、奥八国组成的侵略联军，于这年 6 月，由英国海军中将西摩尔率领，从天津租借出发，向北京进犯，清政府不得不对八国宣战。

结果是，义和团被剿灭，八国联军占领了北京紫禁城，中国陷入空前灾难，险遭列强瓜分。1900 年为旧历庚子年，所以那场动荡也被称为庚子国难。次年，清政府被迫与诸国签订了《辛丑条约》。此后，曾经辉煌的大清王朝，终于成了风中残烛。

现在，李叔同就站在那场战争留下的废墟上。总是这样，战争过后，只剩沉默的大地和许多无处归依的生命。那些血雨腥风的画面，浮现在李叔同的脑海里，成了叹息。如许多热血的年轻人，在暗骂清廷无能的同时，他也希冀着，国家能觅得强盛之道，让那片大好河山，恢复它该有的模样。

他提着行李，在塘沽登岸，竟然未能赶上开往天津城内的火车。所以，他只好就近找了家旅馆住下，虽然极其简陋，总算有了个歇脚的地方。次日黄昏，他终于回到了天津城内，忙不迭地赶到天仙园。然而，他看到的，却只是座空楼，摇摇欲坠地站在路旁。

曾经，这里有过无限风情。她在台上，他在台下。

如今，她已不在这里。他手中握着的，只有乱世风烟。

戏词里说，世事如谜。果然如此。

戏词里还说，繁华如纸。仿佛，只是一场风，就能将旧梦吹乱，剩下满城萧瑟。此时的桐达李家，没有了任何声响。大门里面锁着的，不知是庭院深深的寂寞，还是繁华时的秋月春风。总之，都锁上了，成了回不去的从前。就像曹雪芹在《红楼梦》里所写：

陋室空堂，当年笏满床；衰草枯杨，曾为歌舞场。蛛丝儿结满雕梁，绿纱今又糊在蓬窗上。说什么脂正浓、粉正香，如何两鬓又成霜？昨日黄土陇头送白骨，今宵红灯帐底卧鸳鸯。金满箱，银满箱，展眼乞丐人皆谤。正叹他人命不长，那知自己归来丧！

训有方，保不定日后作强梁。择膏粱，谁承望流落在烟花巷！因嫌纱帽小，致使锁枷扛；昨怜破袄寒，今嫌紫蟒长：乱烘烘你方唱罢我登场，反认他乡是故乡。甚荒唐，到头来都是为他人作嫁衣裳！

人间之事，如真似幻。起落浮沉之间，沧海已经桑田。

从繁华到萧瑟，从风流到落寞，不过就是刹那。

那时候，他是李家三少爷，满身皆是少年的意气风发。可是现在，再次回到这里，他只是个路人。为了避难，兄长李文熙已舍家逃往河南。带着些怅惘，李叔同只得拎着行李，徒步走到城东，寄居在文熙的岳丈姚家。

故友闻讯，赶来与他相聚。只不过，从前可以笑看风云变幻，此时举杯，总有些往事不堪回首的悲凉。故友带来些陌生的朋友，都是日本人。言语不通，只好笔墨交流。在经历了最初的生疏后，他渐渐看出了异国书法的美。他送朋友们折扇，将张祜的《宫词》写在扇面上：故国三千里，深宫二十年。一声何满子，双泪落君前。

世道纷乱，姚家也不是久居之地。毕竟，这层亲戚的关系有些疏远。于是，李叔同只得住到旅馆里。乍暖还寒的时节，他显得非常孤单。

当然，那些日子，李叔同最重要的事情，是寻找杨翠喜的下落。此行的目的，并非探亲访友，可以说，他是为那女子而来。她在他生命里出现，给了他满世界的春江花月。他不能接受，他们的故事只剩冰冷的回忆。可是，他回到他们相逢相知的地方，却再也见不到她的身影。他想起，最后和她作别时，她是笑着的。

晚风无力垂杨嫩，目光忘却游丝绿；酒醒月痕底，江南杜宇啼。
痴魂消一捻，愿化穿花蝶；帘外隔花荫，朝朝香梦沾。

这首《菩萨蛮》是李叔同为杨翠喜而写的，情意尽在其中。在天津住了若干时日，他终究没能与她重逢，落寞可想而知。心灰意冷的时候，他只有将心事诉诸文字。对他来说，诗词是极好的去处。

悲与喜，聚与散，都可以放在字里行间，平仄和韵脚，自会默然收藏。许多年后，他远离了红尘，当年钟情的事情大都放下了，包括诗词歌赋。大概是因为，身在佛门，无悲亦无喜，便无需找地方安放心事了。

再唯美的画面，再清浅的情节，也经不起风吹雨打。

世事迷离。遇见和离别，终究会回归无常。

人们说，昔日名伶杨翠喜入了王府，成了王爷的小妾，过上了富贵的日子。据说，事情的经过是这样的：庆亲王奕劻之子载振路过天津，去天仙园看戏，看上了风姿绰约的杨翠喜，欲纳其为妾，却遭到拒绝。李叔同走后，杨翠喜也曾伤心许久。但她毕竟是风尘之人，又在戏里体验过许多离合，很快就释怀了。最初的日子，她曾盼着李叔同返回天津，但是后来，她放下了念想。她知道，他们的故事结束了。

乱世之中，身如飘絮，她想有个归宿。她希望，她所依附的那个人，是个解风情知冷暖的人。载振这个纨绔子弟，并没有她想要的风雅，所以她拒绝了他。然而，事情并未到此为止。

天津的地方官员段芝贵知道了这件事，这个袁世凯手下的红人敏锐地意识到，这是自己升官发财的良机。于是，段芝贵利用手中权力威胁利诱杨翠喜的养父，并以万两白银作为赎身费，杨家被迫应允，杨翠喜无可奈何。段芝贵随即派随从在深夜中将杨翠喜送到了载振府邸。

为了感谢段芝贵玉成美事，载振面请其父，夸段政绩卓著，请破格使用。庆亲王奏请慈禧。不久后，段芝贵被恩赐为布政使，署理黑龙江巡抚。没想到，后来此事败露，朝廷正直之臣纷纷上奏弹劾。这是典型的买官鬻爵大案，朝野震动，舆论哗然。慈禧大怒，将段芝贵革职。载振也不得不具疏辞职，从此避居天津。

杨翠喜，终于在那片泥淖中沉没了，从此销声匿迹。她是美丽的，是那乱世的一抹嫣红。她最好的年华里，有个叫李叔同的男子。从戏里到戏外，她们两情相悦。但他们，从未说过天长地久，他们的故事也就那样莫名地戛然而止了。他先走了，她不曾挽留，知道留不住；然后她也走了。

剩下空荡荡的天仙园，和那场温柔的往事，任岁月飘零。

刹那之间，月落了，花谢了，尘缘散尽了。

聚与散，去与留，都无从说起。

风月总无情

年轻时，红尘如草原，我们纵马其上，看风吹草低牛羊。

可是走着走着，草原茫然不见，只剩古道西风瘦马。

人生就是如此，从绚烂到荒凉，从欢笑到沉默，都只在蓦然回首的瞬间。曾经，白日放歌纵酒，青春作伴还乡；曾经，春风得意马蹄疾，一日看尽长安花。纵情地狂歌，痴迷地爱恋，那是风烟俱净的过往。

后来，青春散场，往事落幕，走在遥远的路上，终于明白，不断凋零的就是人生。暮春残秋，斜阳晚照，都在路旁默默地等着。多年以后，回望那些爱恨纠缠的岁月，恐怕只能讪笑着说，谁的青春不荒唐。

年轻的李叔同，终于没能在人海里与心爱的女子重逢。满怀希冀而去，却是带着无限落寞而回。他与杨翠喜，或许不能说是谁辜负谁，只是情深缘浅而已。他回到了上海，仍是春天。

由于愿望落空，初回上海那段时间，他极是静默。他总是将自己关在房间里，谁都不去理睬，每日只是整理诗文。母亲虽然心疼，却也无计可施。何况，二十二岁的李叔同，没有成为她希望的样子，她终究是失望的。至于俞氏，似乎连劝慰的机会都没有。她在他的门外，也在他的世界之外。

许多个日子过去了，李叔同将北上途中的诗文辑录成《辛丑北征泪墨》，并且付梓成册。他寄了一册给天津的赵元礼先生。赵元礼是天津有名的书法家，战乱时期，在育婴堂收容了许多流浪儿童，也收留有情怀的同道中人。在天津的那些天，李叔同曾专程去拜访过他。

《辛丑北征泪墨》让李叔同在上海的文艺界风光了许久，他的心情也渐渐好了起来。风流蕴藉的年岁，故事里不能没有红颜。他的才华，他的情怀，需要有个温婉女子前来，以如花笑靥，和清浅话语，勾勒成诗。

这次，花前月下的画面里，有个叫李萍香的女子。她没有倾国倾城的容颜，却有着淡然如水的气质，与风月场中的其他女子很是不同。那天，李叔同被好友带到了天韵阁。如果说天仙园是百花鲜艳之地，那么天韵阁则是幽雅清静之所。这里的主人就是李萍香。

她飘入了他的锦瑟华年。或者说，他闯进了她的月下西楼。她是被无数人垂青的海上花，窈窕多情；他是诗情画意的翩翩佳公子，风华正茂。初见之时，仿佛早已相识。在天韵阁，推杯换盏之间，他兴之所至，赠她七绝三首：

沧海狂澜聒地流，新声怕听四弦秋。
如何十里章台路，只有花枝不解愁。

最高楼上月初斜，惨绿愁红掩映愁。
我欲当筵拼一哭，那堪重听后庭花。

残山剩水说南朝，黄浦东风夜卷潮。
何满一声惊掩面，可怜断肠玉人箫。

他连赋三首，李萍香虽然欣喜，却没有他想象中那般得意。如此，他更觉得她与众不同。她说，诗虽好，却满是伤时感事之语，倒不像是专为她而作。他只得承认，那些天他的确是想了很多家国之事。

不过，李萍香到底还是对他另眼相看了。他的诗，他的字，他都喜欢。细看面前这个才子，静默中不失风雅，含蓄中尽是风流，她很是欢喜。风月之地，男子她见过很多，却不是谁都能入她的眼。

尽管沦落风尘，但她骨子里却是清高而孤绝的，凡夫俗子不配与她对酌。也只有李叔同这样的惊才绝艳之人，能敲开她的心扉。那日，她撇开了众人，与李叔同清谈许久。风月故事，世事百态，她都说得头头是道。后来她说，人生如梦，梦里花开再好，梦醒时只剩漫天荒草。

惊讶于她的见解，李叔同几乎为她的通透所折服了。水晶帘动，满院的蔷薇香气，是微风吹过的痕迹。说着说着，从彼处到此处，从过去到现在，终于成了月下的对白，声音很细，只有彼此听到。这是个初夏的夜晚。

临别时，她赠他红笺小字，是一首七绝："春归花落渺难寻，万树浓荫对月吟。堪叹浮生如一梦，典衣沽酒卧深林。"字写得秀雅，如她的笑颜。他仔细收起，与她道别。两个人都知道，那夜的缠绵远远不够。其后，李叔同与李萍香的交往越来越频繁。月白风清的日子，他们总是伴着彼此。

才子佳人，诗酒唱和，风花雪月，情深意浓。

这样的快乐分明如梦，却又真实地存在着。

然而，好的故事往往很难有好的结局。他们都了然。

他们没有相约白头偕老。对于时光而言，再美好的誓言都没有重量。天长地久，只属于岁月。如佛所言，与有情人，做快乐事，别问是劫是缘。我们能做的，只有珍惜眼前人，如此而已。

至少现在，李叔同与李萍香，还在他们的故事里。

诗词唱和，把酒言欢，故事里的两个人欢笑着。

有笔墨的来往，有云雨的痴缠。

但他们，注定要渐行渐远。李叔同很清楚，李萍香想要的，就是赎身，过清白的烟火日子，但他无法让她如愿。他喜欢自在，喜欢游走花间，喜欢与她诗酒往来，但这，只是他年轻时的纵情。

李萍香的愿望是，他娶她为妾，她为他红袖添香，如苏东坡身边的王朝云。如果可以，她愿意与他红尘相伴，不离不弃。但李叔同不愿意。他不知道，若娶她为妾，是否能给她安稳的生活；他不知道，在她迟暮之时，他是否能待她如初。

所以，对于赎身之事，她不提，他也假装不知。两个人依旧卿卿我我，尽情演绎着才子佳人的故事。直到某天，她的闺房里有了别的男子。然后，他的身边也有了别的红颜。他们终于渐渐地淡出了各自的世界。

身在烟花之地，李萍香这样的女子，绝不会轻易将未来系在某个男子身上。她想找个安稳的人，去停靠，去栖息。既然看出，李叔同不能给她安稳，她便只能另觅去处。不是 她无情，只是天涯路远，她不想永远飘荡着。

秋老江南矣，忒匆匆。春余梦影，樽前眉底。陶写中年丝竹耳，走马胭脂队里。怎到眼都成余子？片玉昆山神朗朗。紫樱桃，慢把红情系。愁万斛，来收起。

泥他粉墨登场地，领略那英雄气宇，秋娘情味。雏凤声清清几许。销尽填胸荡气， 笑我亦布衣而已。奔走天涯无一事，问何如声色将情寄。休怒骂，且游戏。

渐渐地，李叔同习惯了走马观花。风尘之处，的确少有真情。纵然有，也经不起风吹雨打。与其为情所困，不如纵意流连。填几阙词，写几行诗，换得佳人嫣然巧笑；饮几杯酒，寻几分醉，且将花间事当做得意时。

朱慧百来了，谢秋云来了，高翠娥来了。那几年，李叔同的世界里花红柳绿，着实是异彩纷呈。但她们，都只是他路上的闲花，开得再艳，再开不到他心里。他为她们写诗作词，却总有几分漫不经心。

风风雨雨忆前尘，悔煞欢场色相因。
十日黄花愁见影，一弯眉月懒窥人。

冰蚕丝尽心先死，故国天寒梦不春。
眼界大千皆泪海，为谁惆怅为谁颦。

天末斜阳淡不红，虾蟆陵下几秋风？
将军已死圆圆老，都在书生倦眼中。

道左朱门谁痛哭，庭前柯木已成围。
只今憔悴江南日，不似当年金缕衣。

不管怎样，欢情还是如旧。红尘夜半，你依我依，或许都是戏里的温柔。天明作别，两不相欠，再见依旧缱绻。熟悉的情节，熟悉的对白，演了又演，厌倦了，便再也不见。　所有的缠绵，不过是浮生幻梦。原本，欢场之事，多少是真，多少是假，谁都说不清。

来来往往，你情我愿，都是华丽的过场。你若当真，便会落寞。

风月故事，来去皆是空。甚至不能用缘起缘灭来注解。

红尘处处玄机

笔墨人生，风流岁月。

他就在那里，该写诗便写诗，该谈情便谈情。

看起来，日子潇洒得几近完满。只有他自己知道，心里到底是怎样的况味。上海这座城市，他早已不陌生。事实上，他也以才情装点了那里的时光。有知己把酒从容，有红颜调笑月下，他喜欢这样的纵情。

可是，有时候突然沉默，他总会发现，原来自己始终是形影相吊的。诗酒也好，缠绵也好，都会蓦然间散漫成荒草。空荡荡的人间，似乎只有他自己，走在无人的路上，独饮着风霜和孤独。他知道，醉意和欢情，都只如烟火，刹那的美丽后，便是永远的沉寂。

他是李叔同，年轻地走在人海里，有些踌躇，有些落寞。1901年夏末，他参加了上海机器制造局附近的广方言馆考试，被录取为备取生。备取生的意思，就是是否录取要看造化。他并不在意，就像唱了段过场戏。

这年秋天，他考入了南洋公学，改名为李广平。1895 年，甲午战争中方惨败，要求变法求新的呼声日渐高涨。同年，盛宣怀奏设北洋大学于天津，次年奏设南洋公学于上海。1897 年 8 月，曾授翰林院编修的贵州学政严修奏请开经济特科折，意欲在科举之外开辟选拔西学实务人才的道路，此举对后世影响巨大，梁启超称之为“新政最初之起点”。

1901 年，经沈寐叟提议，盛宣怀在南洋公学增设特班，以备经济特科之选。成绩优秀者可保举经济特科，身份类似于旧时的举人或进士。大概是因为这所学校是培养洋务人才的，与新思想最是接近，所以李叔同参加了考试。当时校长为王凤藻，蔡元培任该校总教习。李叔同的同学中名人辈出，有黄炎培、邵力子、谢无量、王世澂、胡仁源、项骧、洪允祥、殷祖同、贝寿同等。

他以第十二名的成绩被录取到特班。若顺利完成学业，他或许会成为洋买办，也可能成为洋务官僚。很难想象，如果这是条通途，他是否仍会入空门。

我以为，他仍会如此。他是他必经的路。

或许是这样，红尘之中，总有个出口是属于我们的。

千万条路，不管走哪条，最终都会抵达那个出口。见过的风景，散落的尘缘，都会化为灯盏，被时光点起，亮在命运的前方。那是人生沉淀后的归依之地。

关于李叔同在南洋公学的生活，黄炎培曾回忆说，无论是书画篆刻，还是诗歌音乐，李叔同都有过人的天资和素养。南洋公学特班宿舍有一人一室的，有二人一室的，李叔同独居一室，四壁都是书画。因为性情温和，同学们很喜欢和他亲近。特班同学很多不能说普通话，因为李叔同生于北方，便成立小组请他教大家说普通话，他也很乐意。

蔡元培主张民主，提倡新学，特班选修课程有政治、法律、外文、财政、教育、哲学、文学、伦理等二十余门，学生自选一至三门，蔡元培亲为开具相关书目，有专门老师讲授，但主要是学员自学。蔡元培要求学生每天写读书笔记，每月交命题作文一篇，全部交由他本人批阅。除此之外，蔡元培还坚持每晚召集三两学生谈话，点拨启发。

没有了八股文，没有了陈腐教条，李叔同就像蓦然间闯入了从未涉足的国度，有些兴高采烈。虽然不知道未来路在何处，但是身在那个满是新思想的地方，他觉得充满了力量。甚至，隐约中有了抱负。他知道，河山飘摇的时候，每个人都有责任。他告诉自己，多些奋进之心，少点放纵之意。

可是，闲暇之余，他还是情不自禁地去了天韵阁，那里有个女子叫李萍香，此时他们还没有淡出彼此的世界。相见时，有诗有画，有花有月，他是乱世才子，她是风尘佳人。说着浓淡皆宜的情话，醉在彼此的魂灵里，世界寂静得只有他们的私语。

自然地，从她的小楼出来，他总会带着怅惘回到学校。幸好，那里不算逼仄之地。在蔡元培的指导下，李叔同在校期间先后翻译并出版了玉川次致的《法学门径书》和太田致弘等人编著的《国际私法》。这两部书是中国近代法学界最早介绍国际公法与国际私法的著作。

其中，后者被列入《译书汇编》杂志出版的政法丛书。署名耐轩的序言中称："李君广平之译此书也，盖慨乎吾国上下之无国际思想，致外人之跋扈飞扬无以为救也。故特揭私人与私人之关系，内国与外国之界限，而详哉言之。苟国人读此书而恍然于国际之原则，得回挽补救于万一，且进而求政治之发达，以为改正条约之预备，则中国前途之幸也。"李广平这个名字，因此被许多人所熟知。

看上去，李叔同的人生正在步入正轨。然而，南洋公学并不似看上去那样和谐。事实上，从建校开始，新旧思想就始终对峙着，矛盾冲突时有发生。最终，一个墨水瓶引发了中国近代史上首次退学风潮。

事情的起因是，中学部教员郭镇瀛，禁止学生阅读《民报》等进步书籍，压制学生言论自由，素为学生反感。一天，他发现自己座位上有个墨水瓶，以为是学生故意捉弄，于是勃然大怒，要求学校严处。学生不服，起而辩论。校方态度强硬，下令开除当事学生，还不许老师求情。蔡元培竭力斡旋，仍无济于事。最终，他率领特班学生，愤然退出了南洋公学。那是 1903 年冬天。

可以肯定，当时的李叔同是落寞的。原本，他很快就会被保举入经济特科。而现在，南洋公学已成了回忆，他似乎又回到了起点。

漫长的路上，好不容易找到的灯火，突然间熄灭了，滋味可想而知。却也无法，红尘之上，处处都有玄机。看上去可以落脚的地方，未必真是坚实的大地。

路总在前方，冷静地凝视着上路或者未上路的人们。

它不言语，却很清楚，何处是烟雨，何处是天涯。

在李叔同就读南洋公学时，旧的科举制度仍同时并存。对于大多数读书人来讲，科举仍是首选的道路。李叔同从未取得过功名，就在从南洋公学退学的那年秋天，他寄籍河南内黄李家，赴开封参加乡试，结果未中；次年又以嘉兴府平湖县监生资格赴杭州乡试，再次名落孙山。当时，他为侄子李晋章所题扇面诗云：

文采风流四座倾，眼中竖子遂成名。
某山某水留奇迹，一草一花是爱根。
休矣著书俟赤鸟，悄然挥扇避青蝇。
众生何事干霄哭，隐隐朝廷有笑声。

“时无英雄，使竖子成名！”发出此声的，是狂傲的阮籍。那日，他只身登上河南荥阳的广武山，那是楚汉之战最激烈的地方。山上还有古城遗迹，东城屯过项羽，西城屯过刘邦，中间相隔二百步，还流淌着广武涧。涧水汩汩，城基废弛，天风浩荡，落叶满山，阮籍徘徊良久，终于仰天长叹，喊出了那句。

文采风流的李叔同，却在科场屡次折戟，怀才不遇之情可想而知。不过我想，以他的性格，纵然考中科举，纵然入了仕途，怕也是难寻快意。何况，大清王朝危如累卵，只剩些守旧之人，捧着经史子集，在为科举招魂。若考中，或许就会成为那最后的招魂之人。与其如此，倒不如另觅他途，丰盛自己的人生。

其后，李叔同转入蔡元培自筹资金开办的爱国学社继续学习。爱国学社由蔡元培任总理，吴稚晖任学监，教员还有章太炎、陈去病、吴仲祺、胡孰复、王小徐等，皆为义务奉献。离开爱国学社以后，李叔同与他的老师蔡元培再没有见过面。

蔡元培在 1930 年提出，美育是自由的，而宗教是强制的；美育是进步的，而宗教是保守的；美育是普及的，而宗教是有界的。李叔同却走了与此完全相反的道路，并以自身的行动证明了美育不足以代替宗教。

尽管观念不同，蔡元培还是很以他这位学生为荣，他说在南洋公学教过不少学生，在艺术方面成就最高，涉及领域最广，培养人才最多者，首推李叔同。

1904 年，李叔同与黄炎培参加了马相伯、穆藕初组织的沪学会。沪学会以兴学和演说为主要活动内容，并开设补习学校。李叔同请南洋公学附小教师沈心工开设音乐课，教授西方现代乐理，并向他学习西洋作曲法。李叔同天资聪颖，很短时间内就学会了作曲。

他创作了《祖国歌》：“上下数千年，一脉延，文明莫与肩。纵横数万里，膏腴地，独享天然利。国是世界最古国，民是亚洲大国民。呜乎大国民，呜乎，唯我大国民！幸生珍世界，琳琅十倍增声价。我将骑狮越昆仑，驾鹤飞渡太平洋，谁与我仗剑挥刀？呜乎，大国民，谁与我鼓吹庆升平！”

《祖国歌》词曲豪迈，极富感染力，经沪学会首唱，不胫而走，很快唱红全国。李叔同首次展现他的音乐才能，很快就成了闻名全国的音乐家。这首歌在全国传唱的时候，有个正在读小学的少年深受感染。他叫丰子恺，后来成了李叔同的得意门生。

李叔同，仍然走在路上。他还年轻，偶尔也会热泪盈眶。

他知道，远方还在更远的地方。他站在迷离的灯火下。

岁月很长，人生很短。

第三卷：彼岸且流连

浩渺烟波，是我们浮萍逐浪的地方。

从前已是舟去无痕迹，未来本就聚散不可期。

我们拥有的，只有眼下的漂流。

时 光 总 是 先 行

我们以为，正与时光共赴苍老。

原来，时光总是比我们先行，趁我们追逐或者放纵。

走到我们前方，画下满地的落花，画下未央的风雨。

走入了红尘，也就走入了遥远的异乡。所以诗人说，梦里不知身是客。走着走着，已是水流花谢两无情。回首往事，有几人能笑着说，流年你奈我何？

许幻园的夫人宋梦仙因病故去了。茫茫尘世，突然间没了对弈之人，任谁都会黯然。丧事有条不紊地进行着，但许幻园的世界，终究是荒芜了。天涯五友重聚，再也没有了昔日的欢声笑语。女主人不在了，城南草堂成了个沉默的地方。此后，随着各奔西东，天涯五友渐渐知交零落。

1914 年，李叔同重访城南草堂，但见楼台荒芜，旧日风光不复。那时候，宋梦仙已离世十年，许幻园请他在亡妻画作上题词。李叔同忆起当时欢聚之乐、唱和之雅，顿觉恍如隔世，提笔写道：“恸逝者之不作，悲生者之多艰，聊赋短什，以志哀思”。

1926 年夏，李叔同已成了弘一法师。再度造访城南草堂，草堂已经易主，成了僧人道场。许幻园老态龙钟，靠给人抄书勉强度日，两人见面，尽是唏嘘。次年，在江湾丰子恺家中聚会时，蔡小香已经去世。又过了两年，许幻园也离世。

天涯五友之中，袁希濂最为年长。他是曾任民国教育部次长的袁希涛的弟弟，世人将他与其兄希洛、希涛合称“宝山三袁”。袁希濂早于李叔同赴日留学，回国后，任职地常常与李叔同的行迹暗合，李叔同出家次年，他由杭州调任武昌，临行前与李叔同话别。

李叔同劝袁读《安士全书》，并说他前世是佛。袁希濂后来看了此书，颇觉得相见恨晚，开始亲近佛法，最终致仕皈依印光法师，后又从持松法师修习密宗。日军侵占上海后，仰其德望，邀他担任上海市市长，被其婉拒。1950 年，袁希濂逝于苏州。

江湾聚会不久，张小楼也皈依佛门，专修密宗。他是著名的民主人士李公朴的岳丈，膝下无子，唯有一女，视女婿如己出。李公朴被杀害后，张小楼悲恸而死。天涯五友自此烟消云散。

果然，天下没有不散的筵席。城南草堂那些风流旧事，渐渐远去了。

再美的景致，再好的画面，都经不住时光磨洗。

许多往事，许多情怀，去了便是去了，我们只能怀念。

毕竟，我们只是行路之人。执笔画聚散离合，是时光的事。

宋梦仙与王凤玲很是投缘。那几年，闲来无事，她们时常在园子里闲话家常。宋梦仙体弱，阴雨季节，会犯湿寒之疾，王凤玲为她请大夫，还亲自为她煎药。因为有宋梦仙的陪伴，王凤玲黯淡的心境渐渐明亮了起来。如今，宋梦仙走了，王凤玲颇觉得孤单。她的身体原本就不好，如今少了精神寄托，更是每况愈下。

现在，李叔同已经不去天韵阁了。可以说，李萍香只是他路过的风景。似水的柔情，旖旎的画面，已被回忆收走。如今的天韵阁，欢情如旧，却没有了那个叫李叔同的男子。故事的结尾，他仍在写诗：

慢将别恨怨离居，一幅新愁和泪书。
梦醒扬州狂杜牧，风尘辜负女相如。
马缨一树个侬家，窗外珠帘映碧纱。
解道伤心有司马，不将幽怨诉琵琶。
伊谁情种说神仙，恨海茫茫本孽缘。
笑我风怀半消却，年来参透断肠禅。

缘起人来，相约风前月下；缘灭人去，独自小径斜阳。

他知道，该去的总会去，所以从不纠缠。

1904 年冬，李叔同的次子李端出生。但是这件事，并不能冲淡李叔同的忧虑，因为母亲痨病缠身，整天咳个不停。以为，冬天过去后，病就会好转。没想到，那个春天竟是永别的日子。

城南草堂，曾经安恬的时光，如今变得七零八乱。小桥流水，草木扶疏，都还是旧时模样，故事却是急转直下。宋梦仙去世后，这里就现出了无边的萧索之气。如今，李叔同的母亲病得很重，才子们再也无心吟诗作赋。如果说，以前的城南草堂如同梦里红楼，那么此时，则有点野店茅庐的意味。

为了防备不测，那段时间李叔同总是早出早归，从不在外留宿。他心里清楚，母亲的病，他有很大责任。作为儿子，他没有按照她的心愿，成为所谓的人上之人，却是常年流连于风月之地。正是他的放荡不羁，致使母亲抑郁在心，最终病体沉疴。

母亲的房间很冷，李叔同推门走了进来。在母亲的床前，他觉得很愧疚。但也没办法，他所走的，正是符合他性情的路。他不喜欢违背自己的意愿，更不喜欢随波逐流。他所做的许多事，看似荒唐，却又何尝不是命运的选择。

1905 年 3 月，王凤玲到了弥留之际。她强撑着最后的气息，幽幽地对李叔同说，带她回家。她说的，是她出生的地方，浙江平湖乍浦镇。她希望落叶归根，因为她不喜欢天津，以及那座大宅院。

她将最美的年华带到那里，却只落得日渐凋残的结局。在听惯了冷言冷语之后，最终流落他乡。所以，她不想回到那里。李叔同明白她的念想，但他知道，将她带回乍浦镇，没有道理，也不体面。他要让苦了二十几年的母亲，风风光光地入李家的祖坟。

不久之后，王凤玲永远地闭上了眼睛，连遗言都不曾留下。似乎是太累了，对那个花花世界，她已无话可说。荣华与寂寞，青春与暮色，都在她身后关上了门。世间之事，苦也好，乐也好，再与她无关。离开时，是个风轻云淡的日子。

生亦何欢，死亦何苦；喜乐悲愁，皆归尘土。故事里人们如此说。

人生于世，纵横驰骋也好，偏安沉寂也好，都是在寻找最后的超脱。活着是在苦行，死后只有沉默。离开的时候，若能不惊不惧，便算不枉了红尘苦行。

李叔同肝肠寸断，他从未有过那样的悲伤。尽管知道，母亲郁郁寡欢多年，此时算是彻底解脱了，但他就是忍不住落泪。母亲走了，尘世间他最后的依归之处没有了，他无法不悲痛欲绝。

泪水流了七七四十九天，李叔同完成了最隆重的停灵。然后，他携妻儿护送母亲灵柩告别城南草堂，乘船回到了天津。与四年前他返乡时相比，此时的天津又有了从前的繁荣气象。按照当地习俗，外丧不能进家门，他被拦在了门外。费了不少口舌，才终于将母亲灵柩停进了院子。

李叔同非常气愤，他烦透了那些陈腐的规矩，也烦透了那些古板的人们。他要打破旧习俗，以他的方式，给母亲最风光的葬礼。这时候，他的固执和特立独行，都淋漓尽致地展现了出来。冒天下之大不韪，让所有人惊愕无语，不管怎样，他就是要由着自己的性子来。

没有披麻戴孝，没有哭天抢地。有的是，肃穆庄严，安恬静默。他要摒弃所有破败不堪的风俗，以这样神圣的方式，为母亲送别。甚至，他不允许全家穿白色孝服，全部着黑衣参与葬礼。

偌大的礼堂里，年轻的李叔同抚琴长歌:“哀游子茕茕其无依兮，在天之涯。惟长夜漫漫而独寐兮，时恍惚以魂驰。萝偃卧摇篮以啼笑兮，似婴儿时。母食我甘酪米粉饵兮，父衣我以彩衣。月落乌啼，梦影依稀，往事知不知？汩半生哀乐之长逝兮，感亲之恩其永垂。哀游子怆怆而自怜兮，吊形影悲。惟长夜漫漫而独寐兮，时恍惚以魂驰。梦挥泪出门辞父母兮，叹生别离。父语我眠食宜珍重兮，母语我以早归。月落乌啼，梦影依稀，往事知不知？汩半生哀乐之长逝兮，感亲之恩其永垂。”

那日，前来追悼的有四百余人，其中不乏天津显贵。很快，整个天津都知道，桐达李家三少爷做了件轰轰烈烈的事情。褒也好，贬也好，他都不屑理会。母亲很体面地入了李家坟茔，这才是最重要的。

李叔同那时是新学的先锋，在处理母亲后事上，他大胆破除旧的葬礼，改用新式追悼会，亲写悼词并唱《挽歌》。当时的《大公报》连续报道，并刊登李叔同的哀歌，称其为“新世界之杰士”。

而他，只知道，在完成所有仪式的时候，自己是心痛无痕的。

后来，李叔同曾对丰子恺说，母亲生平很苦，去世时他正在买棺木，没能见最后一面，是终身遗憾；他说，在上海那几年是他平生最幸福的时候。此后就是不断的悲哀与忧愁，直到出家。

母亲故去后，李叔同感觉灵魂如游丝飞絮，飘荡无根。举头遥望，四野茫茫，人间仍在动乱之中。二十六岁的他，心知不该再游走花间。他决定远赴日本，不为别的，只为寻找人生的出口。鲜衣怒马，风流恣肆，都结束了。他开始了新的辗转。

寄身大洋彼岸

人生如寄。足迹所至，尽是天涯。

我以为，心灵可以安歇的地方，便可以称之为故乡。

行遍千山万水，看过柳暗花明，心若飘飘荡荡，便永远是在流浪。

一帘明月，几许清风，茅屋柴扉，有书卷在手，有闲情在心，便是回了故乡。瓦尔登湖，山好水好，却不是谁都能忍受这里的孤独；南山东篱，悠然写意，若无对饮时光的情怀，也不过是寻常乡野。

夏天，在去往日本的海船上。李叔同独自站着，面前是无垠的大海。前尘往事，在他脑海里浮浮沉沉，从清晰到模糊，最后成了人生如戏的暗自叹息。现在他的名字是李哀，显然，母亲离世的悲伤，还没有从他心头散去。就像他自己说的，此后的岁月，无论身在何处，他都是在悲哀与忧愁中度过的。

他不知道，此去日本是否正确，反正就是想逃开过往。既然已经上路，便只能与路上的风景真诚面对。秋风萧瑟也好，春光明媚也好，有浏览之情，便能尽数揽入行囊，让旅程厚重。

1905 年 9 月，李叔同抵达日本，最初住在留学生会馆。虽然以前学过日语，但毕竟有限，为了与人交往时不露怯，他花了大半年时间补习日语。在补习日语之暇，他还继续学习钢琴，刻苦进修美术。偶尔，他还会抽出时间，去音乐家村上音二郎那里学习音乐。

那年，他无比忙碌。即使如此，他还拼尽全力，独自画图、编写、排版，创办了一期三十二开的《音乐小杂志》，寄到上海发行，他想把学到的西方音乐知识传递回祖国。小杂志封面是他用木炭画的贝多芬像，里面有贝多芬小传。

甚西风吹醒隋堤衰柳，江山非旧，只风景依稀凄凉时候。零星旧梦半沉浮，说阅尽兴亡、遮难回首。昔日珠帘锦幕，有淡烟一抹、织月盈钩。剩水残山故国秋，知否、知否？眼底离离麦秀。说甚无情，情思踠到心头。杜鹃啼血哭神州，海棠有泪伤秋瘦，深愁浅愁难消受，谁家庭院笙歌又？

《音乐小杂志》里，有他这首《隋堤柳》，当然还有他的《我的国》：“二十世纪谁称雄，请看赫赫神明种。我的国，我的国，我的国万岁，万岁万万岁。”文字既豪迈又悲凉。很显然，这份小杂志里，装着他的国恨家愁。那时候，他很愤懑，却也只能借文字抒发。

在东京三光堂，《音乐小杂志》终于印刷出来了。序文最后，他这样写道：“冥想前尘，辄为怅惘。旅楼一角，长夜如年。援笔未终，灯昏欲泣。”

长夜如年，灯昏欲泣，竟是这般心境。大概是这样，异国他乡的生活，不似想象中那样如意。遥想祖国，却又是风雨飘摇，他真的欢畅不起来。他已过了风流浪荡的年岁。

想要认真生活，却又未到从纷扰中觅得安恬的时候。

眼前的困顿，远处的荒凉，构成了长夜的惆怅。

本来，他还想创办《美术杂志》，并且已经付诸努力。可惜的是，那时候日本文部省限制清朝和韩国留日学生，他面临着刚到日本就要回国的窘境。最终，《美术杂志》胎死腹中，他很是失落。

到日本后不久，李叔同参加了当时东京文化人，如森槐南和大久保湘南等人创办的随鸥吟社，那个冬天，他经常出席联吟赋诗的雅集。到1906年夏，李叔同在随鸥吟社的刊物《随鸥集》上发表了《朝游不忍池》《春风》《前尘》等多首诗。

苍茫独立欲无言，落日昏昏虎豹蹲。

胜却穷途两行泪，且来瀛海吊诗魂。

故国荒凉剧可哀，千年旧学半尘埃。
沉沉风雨鸡鸣夜，可有男儿奋袂来。

那时候，在东京的诗坛，李叔同已与日本汉诗名流，打成一片。但是看得出，此时他所写之诗，多是伤时感事之作，从前风流婉约的意味，已没了踪影。或许，参加文人雅集的时候，他也会想起城南草堂，想起天涯五友。但那些快意人间的日子，毕竟已成过往。知交零落，相聚难期，想起来难免感伤。

1906 年秋，李叔同考入了东京美术学校油画科。入学时，他的正名改为李岸。入学后不久，10 月 4 日，他接受了东京《国民新闻》记者采访，因为他是首位专攻油画的中国留学生。当日的报纸上，有他身着西服，理了西发的全身照片，看上去很是倜傥潇洒。

日本留学期间，李叔同的生活方式大大改变。他剪去长辫，改为中分式短发；脱下长袍马褂，换上西装，过得严谨而充实。他是这样的人，放纵起来可以信马由缰，沉静起来又耐得住孤独。那几年，他将满身的才情，埋藏在沉默的画布与跳动的音符之间，再不是那个放浪形骸的风流才子。

入学之初，李叔同的住所在“下谷区上三崎北町三十一番地”。不久之后，他又从下谷区迁到了留学期的最后居住地，也就是欧阳予倩在《春柳社的开场——兼论李叔同的为人》中提到的，上野区不忍池。

在那里，没有人认识他。他只是个普通的中国留学生，长瘦是他，傲岸是他。他不叫李叔同，不叫李息霜，而是叫李岸。过去的荒唐岁月，全被他掩埋了起来。如今他的生活里，只有留学生涯的清静和多姿。

从写诗到作画，从书家到画家，悄然过渡，几无痕迹。

反正，诗词音乐，金石书画，都是他旅途所见。游走其间，他都觉得快意。

只不过，最后他发现，所有的美丽，都不敌心中寂静。

又或许，寂静才是真正的美丽。就像月光，就像落叶。

李叔同进入东京美术学校，目的是攻中西各派绘画。他的天性深爱静美诗意的中国画风，但他也喜欢自由浪漫的西方油画。

中国绘画，无论是山水还是人物，细如游丝的笔致和奔放的笔墨气势，都代表着某个时代的审美理想。西方绘画，从达·芬奇的《蒙娜丽莎》到拉斐尔的《西斯廷圣母》，从大卫的《马拉之死》到莫奈的《日出·印象》，都有着色彩的和谐雅致，透着高超精妙的写实手法，也是绚丽的世界文明风景线。

看上去，中西方绘画有很大差别。比如，中国画重视艺术与自然的关系，强调以形写神，讲究意境和神韵，西画则重视写形；比如，中国画与诗想通，推崇诗中有画，画中有诗，也便是人们说的诗情画意，西画则重形似和再现，重时空和光色效果。

其实，中西方绘画都表达了人类灵魂的深思。可以说，中国画描写的是心灵的故乡，西画描写的是生命的家园。两种风格，李叔同都爱不释手。他在想，若是将中西方画风结合，将会创造出怎样的奇迹。

除了油画，李叔同也学习木炭画和水彩画。而且，学画的间隙，他还会去学习钢琴和戏剧。年轻的他，对许多艺术门类都感兴趣，都想走进去探寻一番。他喜欢，在那个异彩纷呈的叫做艺术的世界里行走，带着尚未老去的自己。

由于在东京补习了很久，到东京美术学校以后，虽不能说应对如流，但日本人多的是汉学专家，文字上却没问题，中国学生总算讨了这方面的便宜，不久之后，李叔同对于平常场面，已可以应付了。

现在的李叔同，很像个日本人。他住的是榻榻米房子，吃的是沙西米生鱼片，穿的是和服，讲的是日语。而且，他说话的声音也压得很低，有客来访总会弯腰行礼，满脸都是谦恭的笑容。他的房东是本地人，附近没有别的中国留学生。他独来独往，半年过去，公寓附近的人们，竟然不知道，他是个中国的学生。

偶尔，夜深人静的时候，他会想起从前。不想天津，只想上海。那里，有个叫城南草堂的地方，有几个交心的好友。酒杯里的人们，总在半醉半醒之间。那时候他是个风流才子，有着古典文人的心境和情怀。那时候，母亲尚在人间。

流连风月，醉卧花间；填词写诗，围炉煮酒。

那时候的他们，日子是这样的。他手中的笔，是用来写诗的。

可是现在，母亲已殁，知己不在，他只有自己。

在他乡流浪，带着画笔。

画里情缘

世间每个人，都只如扁舟，飘飘荡荡。

那片叫做时光的汪洋，我们永远走不出去。

春潮杨柳，渔火灯帆，再美丽也终究不是彼岸花开。

扁舟很小，载了安详，便容不下喧嚷；载了悠然，便容不下繁华。有人登舟，有人弃舟，人们说，这叫缘聚缘散。不管怎样，我们记得，谁曾在舟上，在醉与醒之间，钓秋水云烟。

总有人，不迟不早，登上扁舟，共饮三杯两盏淡酒；总有人，不偏不倚，蓦然回首，相邀看尽灯火阑珊。扁舟很小，但足够两个人白头偕老。只是，总有人提前离舟。茫茫的海上，能有多少不离不弃？

或许是偶然，或许是必然，李叔同遇见了他红尘里最后的爱情。从他出家前写给她的信可以得知，她叫诚子。这个樱花般恬静的女子，在尽情绽放的华年里遇上了她命里注定的人。翩翩才子以满腹的才情，惊醒了她沉睡已久的心事。看起来，这场相逢仿佛天意。

作画是重工具的学问，各式各样的纸笔，赤橙黄绿青蓝紫的彩色油膏，还有调色板和写生架，都不可或缺。当然，学习油画，研究人体时还缺不了模特。就学画的历程来说，中国画先写山水，西洋画则首重人体。山水画无需模特，只需去到自然之中，便能遇见山水草木；但是要画人体，就必须有鲜活的身体摆在面前。

对于学画，李叔同是极其认真的。他不缺天赋，却唯独缺个模特。为此，他托房东找个漂亮的女孩，来给他做模特。房东问他是否要找个艺伎，他摇头说，只需找个建康的，长相好看的便可。其后，房东陆续找来几个乡下女孩，却都没能入李叔同的眼。他半开玩笑地说，如果以她们作画，说是女人，恐怕别人会怀疑。他需要的，是风姿绰约的女子。没想到，她很快就出现了。

那日，她如清风般从他的窗前掠过，他本能地用目光去追寻窗外的丽影，手中的画笔停在了空中。刹那的出神之后，他冲出画室叫住她，她蓦然回首。彼此对望，仿佛早已相识。故事开始的时候，美得让人窒息。

他若不去日本，她若不经过那窗口，便不会有这场相逢。

但她，就在那里登上了他的小舟。那是个晴好的日子。

那年，诚子十九岁，她的生活不算幸福。若干年前，父亲因醉酒不幸离世，从此诚子和母亲相依为命，日子过得捉襟见肘。已经成年的她，很希望能以自己之力，承担生活的重量，为母亲分忧。

与李叔同以前遇见的女子相比，诚子更加清丽脱俗，仿佛不食人间烟火。她是典型的日本女子，温柔娇俏，步履盈盈。李叔同看着她再次出神，许久才回过神，带着些忐忑，以娴熟的日语问她，是否愿意做他的绘画模特。

诚子上下打量了李叔同，看他身材颀长，风度翩翩，对他顿生好感。在她犹豫的时候，李叔同又说，作为报酬，每周给她银币十元。诚子无比惊喜，她知道，父亲生前每月的薪水也没这么多。从李叔同真诚的眼神里她看得出，他并没有看玩笑。最重要的是，面前这个男子温文尔雅，她几乎找不到拒绝的理由。于是，她微笑着点头答应了。

他们约好了时间，然后轻松地作别。次日，她准时赴约，穿着淡色碎花和服，款款走入李叔同的画室。他望着她，还未下笔，已是如在画里。怕她羞涩，也为了拉近距离，这天只画了脸部素描。她摆好姿势，他开始作画，竟没有任何陌生感觉。画完以后，他们聊了很久，彼此之间的距离拉近了许多，甚至有些相见恨晚。

往往是这样，爱情的最初，只是对望的刹那，便仿佛种下了满世界的情花。

只是，谁都知道，情花虽美，也会让人绝望。

他们不管这些。像是等了许多年终于相逢，彼此都是说不出的欢喜。她是模特，他是画师，她必然要在他笔下定格成画。自然地，也会在他心里翩然成景。出发的时候，他大概没想到，异国他乡会有这样的情缘在等着他。

不久之后，李叔同希望以诚子的玉体作画。作为模特，这是必经的路，诚子心里很清楚，她点头答应，淡淡地笑着。那日，她走入他的画室，人生中第一次在异性面前剔下衣衫，当所有的衣服如花瓣般飘落地面，她的整个身体，甚至是整个生命，毫无保留地呈现在他面前。冰肌玉骨，纤尘不染。

她不好意思地侧过身去，他示意她斜坐上那张半高的床，左手自然地支撑，右手随意摆放，脸向后微侧，半回首。他定格了她的美，她安静地坐着，任由他在纸上将她复制成画中的玲珑模样。他陶醉于这样的美，画得凝神屏气，没有丝毫的杂念。

那时候，他所面对的，与其说是她完美的躯体，不如说是她无暇的生命。在这样的生命面前，他所能做的，就是以所有的心力，尽情地描摹。

他轻轻落笔，生怕惊扰了她的年华。

与其说在作画，不如说是在她年轻的生命里游历。

那是灵魂与灵魂的对话。在完成这样的对话以后，他们之间已没了距离。

以前他生命里出现过的女子，大家闺秀难免索然无味，风尘女子又总是太过轻浮。妻子俞氏，虽然知书达理，却缺了些灵动和情趣。至于杨翠喜和李萍香这样的女子，虽能与之诗酒往来，终究没有影影绰绰的美丽。她们阅人无数，纵是玉体横陈，终不如那含苞待放的女子，更让人心动。

他爱上了她。不仅爱她年华正好，也爱她的不惹纤尘。那么远的异乡，她开在路旁，最终开进了他的画里。又在画里，嫣然笑着，惹得他心旌摇荡。

不知从哪天开始，她已不只是他的模特。诚子，这个温婉的日本女子，恬静与幽雅，明朗与娇羞，被他的画笔认领，亦被他的灵魂典藏。

爱情悄然开始，无需对谁说明。作画之余，他们总会长谈。他的过往，他的情怀，她都愿意倾听。她知道他来自大洋彼岸，也知道他曾是吟风弄月的诗人。她希望，在他后面的人生里，能有个叫诚子的女子。他笑着，抚着她的秀发说，故事里若是没有她，便不是完整的故事。

对于诚子来说，李叔同这个多情的才子，像是从诗里走来，拾起了她如歌的年月。他满身的才情令她不由自主地倾心，他家衰国败的愁苦让她有共同承担的愿望，他游子般的漂零更令她怜惜不已。所以，她愿意，为他倾尽温柔。

凤泊鸾飘有所思，出门怅惘欲何之。
晓星三五明到眼，残月一痕纤似眉。
秋草黄枯菡萏国，紫薇红湿水仙祠。
小桥独立了无语，瞥见林梢升曙曦。

曾经，不忍池边，李叔同独自站着，湖水倒映着他的孤独。但是，

1907年春天，樱花盛开的时节，画面里多了个身影。那是玲珑的诚子，在他身边小鸟依人。湖畔，她挽着他的手臂，他们谈笑风生，羡煞旁人。她是画里的美人，也是画外的红颜。

尽管知道李叔同已有家室，尽管她的家人坚决反对他们交往，尽管当时还有富有的银行家在追求她，但是诚子还是决定与李叔同相爱。只因，那个春天，他蓦然走来，无比优雅地掀开了她少女的心事。她知道，那样的年华，应该在他的路上盛放。

仍是那个春天，诚子将李叔同带到了母亲面前。二十八岁的李叔同，以从容和清雅，得到了那位母亲的认可。他说，愿意为诚子遮风挡雨。诚子的心愿很简单，那便是，哪怕天涯地角，都愿意在他身边。

画笔在手，把玩着色彩，李叔同很是快活。他总是这样，做着喜欢做的事情，就像是畅游佳景。更何况，此时有佳人相伴。那些日子，诚子料理他的起居，她喜欢为他做这些事。

对这个小女子来说，那就是幸福。她在他的扁舟上。

同在扁舟上的，还有她似水的年华。

春柳社

他是傲岸的，亦是孤绝的。

在他的世界里，任凭人来人往，他永远是绝对的主角。他是李叔同。

不管演绎怎样的故事，他都希望自己是主动的。现在，他让那个叫诚子的女子走入了他的世界。他为她作画，而不是写诗。她不懂平平仄仄，他也乐得用画笔勾勒出他对她的迷恋。他要在她美丽的身体面前，彻底告别从前。

那年，李叔同参加了白马会。这是他的老师黑田清辉在1896年成立的油画团体。1906年，东京美术学校设立了西洋画科，黑田清辉被聘请为主任教授。当时那里的教授不乏白马会成员，日本西洋画正值浪漫主义盛行，唯有名家的作品能入选白马会展览。能够跻身其中，说明这位艺术家的油画已达到日本的最高水平，象征着他已进入了主流人群。

白马会上，李叔同展示了自己的作品。画上的女子，安坐榻上，笑得安恬，如清水出芙蓉，正是诚子。她是美的，而在他的笔下，她的美丽更多了些被爱情滋润着的欢喜。只不过，李叔同展出的那些画，无论是《朝》还是《昼》，无论是《停琴》还是《静物》，当时并没有受到人们的激赏。

不管怎样，他的名字列入了白马会，艺术人生已算丰盛。二十世纪末，日本学者植野健造撰写了《白马会结成百年纪念：明治洋画的新风》，收入了李叔同的四幅画。可惜，画作终见光明，人却是去远了。

而此时，他还在那里，在日本东京，满满的都是情意。那个叫诚子的女子，以温柔之手，点亮了他寂静的流年。他喜欢被她挽着，走在东京的街头；她喜欢靠在他身边，坐在不忍池的水边。

从那个春天开始，许多个夜晚，她在他怀里，恬静得像只猫。

清晨，日光照在窗帘上。他拿起画笔，画她的慵懒，画她的窈窕。

风吹过她的发，不经意得风情万种。他说，画下的都是永远。

她相信。他说的话，她从不怀疑。只是，永远二字，读着便觉得荒凉。永远，是红尘彼岸，还是时光尽头？没有人知道。或许，只是戏里茫然的对白。他们的爱情，开得无比绚烂，却没有结果。在爱情里辗转的李叔同，渐渐看出了聚散兴味背后的凄凉。当他决定远离红尘的时候，再美的爱情也会被抛开。他有他的深情，也有他的决绝。

那时候，李叔同在作画的同时，对戏剧也非常感兴趣。他带着诚子去看了西洋剧《奥赛罗》，是莎士比亚笔下的悲剧。奥赛罗是威尼斯公国的勇将。他与元老的女儿苔丝狄梦娜相爱。因为两人年纪相差太多，婚事未被准许。两人只好私下成婚。

奥赛罗手下有个阴险的旗官伊阿古，一心想除掉奥赛罗。他先是向元老告密，不料却促成了两人的婚事。其后他又挑拨奥赛罗与苔丝狄梦娜的感情，说副将凯西奥与苔丝狄梦娜关系不同寻常，并伪造了所谓定情信物等。奥赛罗信以为真，在愤怒中掐死了自己的妻子。当他得知真相后，悔恨之余拔剑自刎，倒在了苔丝狄梦娜身边。

李叔同去看这场戏，不仅因为其剧情精彩，还因为主演是有着传奇色彩的川上贞奴。川上贞奴是日本明治至昭和年间著名艺伎及演员。从小被卖给妓院，后来成为首相伊藤博文的小妾。但她不甘心命运，想嫁给怀揣戏剧梦的演员川上音二郎，伊藤博文只得放手。此时，在台上倾情演绎莎翁名剧的她，已经历了西方的漂泊，并帮助丈夫成了名。

看着台上的剧情转变，李叔同在惊叹演员的表演，诚子不知不觉已是泪眼迷离。在她心里，爱情是月白风清的。可是在戏里，爱情到最后，竟只剩血染的沉默。人淡如菊的诚子，简直不敢相信，爱情会变成那个模样。她把头靠向李叔同，他拥紧了她。

那个娇小的身体，在画里风姿绰约，但是在他怀里，却只有柔软。

他不愿看她伤心。至少此时，他愿意做她的避风港。

若不奢求永远，爱也便是如此。我靠着你，你拥着我，彼此温暖。

李叔同喜欢戏剧，因为那里有不同的人生，有真实的生活中未曾见过的精彩。年轻的时候，他不喜欢平淡，不喜欢生活是平铺直叙的。所以，从诗词到书画，从音乐到戏剧，他都非常上心。

在与诚子相识前不久，李叔同与曾孝谷，还有几个上野的同学，组建了以研究各种文艺为目的的团体，取名为春柳社。他们成立了自己的演艺部，排练西洋著名剧目，如小仲马的《茶花女》、斯托夫人的《黑奴吁天录》，以及雨果的《孤星泪》等。后来加入春柳社的有欧阳予倩、吴我尊、黄喃喃、李涛痕、马绛士、谢抗白、庄云石、陆镜若等人。

为了深入研究和学习戏剧，李叔同拜访了剧作家藤泽浅二郎先生。藤泽先生与李叔同的老师黑田清辉是好友，他很耐心地听了李叔同对于戏剧的热情和理想。

藤泽先生告诉李叔同，有艺术天赋的年轻人想要学习演戏，本来是好事，只不过，那时候演戏是赔本的事情。而且，西方的剧本包罗万象，要许多人扮演不同的角色，翻版人间的苦难和不平，这不是简单的事情。

李叔同听明白了，却没有被吓倒。他就是要演戏，这是他的固执。

他做事情，只跟随自己的心念。他是他自己的国王。

就像诗人海子所写：没有任何泪水使我变成花朵，没有任何国王使我变成王座。

1907年，长江中下游发生水灾，沿江各省均受灾严重，这个消息传到日本后，春柳社准备在东京组织一场以赈灾募捐为目的的义演，已经广泛接受西方艺术熏陶的李叔同，与春柳社的其他成员商量后，决定演出《茶花女》，李叔同在剧中反串饰演玛格丽特。

玛格丽特是巴黎的风尘女子，有着花容月貌，也有无言的孤独。因随身总带着茶花，人称茶花女。她与痴情的阿尔芒倾心相爱，并因此对生活有了热情。于是，她随阿尔芒离开了繁华的巴黎，到乡村开始了恬淡安详的日子。

玛格丽特背着阿尔芒，典当了自己的金银首饰和马车，用来支付生活费用。阿尔芒知道以后，将母亲留给自己的遗产转让，以还清玛格丽特欠下的债务。然而，他们纯净的爱情却受到了阿尔芒父亲的破坏。他假借经纪人的名义，写信给阿尔芒，说想要转移那笔遗产，必须先去巴黎签字。

阿尔芒去了巴黎，他的父亲去找玛格丽特，在和善的外表和言辞下，以家族清白不能受到玷污为由，逼迫玛格丽特离开阿尔芒。结果是，为了阿尔芒和他的家庭，玛格丽特只好做出牺牲，发誓与阿尔芒绝交。她悲伤地给他写了绝交信，然后回到巴黎，又开始了奢靡荒唐的生活。她接受了男爵的追求，他帮助她还清了债务，又赎回了首饰和马车。

阿尔芒仍然爱着玛格丽特，他失魂落魄地来到巴黎，看到了强颜欢笑的她。他展开了疯狂的报复，处处给她难堪。骂她是没有良心、无情无义的娼妇，把爱情作为商品出卖。面对他的误会，玛格丽特却只能沉默。心力交瘁的时候，她终于病倒了。弥留之际，她想见阿尔芒，却没能如愿，终于带着孤独和遗憾，离开了人世。

她在日记中这样写道：除了你的侮辱是你始终爱我的证据外，我似乎觉得你越是折磨我，等到你知道真相的那天，我在你眼中也就会显得越加崇高。阿尔芒怀着无限的悔恨与惆怅，专门为玛格丽特迁坟安葬，并在她的坟前摆满了白色的茶花。

爱情，永远是美丽的。无论何时，总有人生死相许。

可世事纷扰，总是飘渺无情。爱得再深，也不会永远都是春暖花开。

否则，就无需在落花时节，说起曾经沧海难为水了。

为了演出《茶花女》，李叔同把留起来的小胡子也剃掉了，同时为了使自己的腰能够收得更细，他甚至数日绝食。对于艺术，他是认真而执着的。不管曾经怎样游戏人间，当他静下来倾情于艺术，那份真诚足以打动无数人。

公演当日，诚子也坐在观众席上，看他将茶花女演得入木三分，她感动得落了泪。她知道，自己深爱着的这个男子，无论做什么，都不会让人失望。

只是，她并不知道，他执着的同时，已在渐渐看淡。

镜花水月的世界，来去得失都在慢慢浮现出最初的模样。

戏里流年

人生如戏，所有人都是演员。走入红尘，就必然要粉墨登场。

时光的舞台上，任何剧情都只是刹那的因缘际会。异彩纷呈的灯光音响，曲曲折折的情节转换，总会在最后的台词里沉寂。落幕的时候，舞台依旧宽阔，灯光已经黯淡，红尘的路，终于被走成了绝响。

最初，每个人都是主角。飞扬恣肆，笑傲人间，茫茫人世间，总有人这样活着，以自己喜欢的姿态。却也有人，走着走着没了自我，变得低沉和卑微，渐渐沦为了配角。李叔同属于前者，纵然身在长夜，他也不会悲悲切切。

现在的他，疯狂地喜欢着两件事。他喜欢作画，将诚子如诗的年华尽情勾勒，留给岁月；他喜欢演戏，在扑朔迷离的剧情里辗转，探寻生命的出口。他始终都在寻找，寻找真正的自己，寻找最佳的风景，寻找泅渡的方向，寻找灵魂的归依。最后，在他终于找到的时候，他转身而去，走得很洒脱。

《茶花女》公演取得巨大成功，轰动了日本的文化界。十年以后，松居在杂志上发表了《对于中国剧的怀疑》，回忆了这场演出，他说："李君的优美和婉丽，绝非本国的演员所能比拟……假如自《茶花女》之后，李君仍在坚持这种艺术，那么岂能让梅兰芳、尚小云等人驰名于中国的剧界……"

话说得不免有些偏激，但也可以看出，李叔同当日的演出，的确是非常成功的。玛格丽特的深情与绝望，被他演绎得淋漓尽致，以至于他爱上了反串表演，后来又扮演了不少女性角色。他仿佛入了魔，在窈窕的姿态里流放着自己。

同在日本留学的欧阳予倩，对李叔同很是钦佩，通过曾孝谷，终于得到了拜访李叔同的机会。他们约在清晨八点见面，结果，欧阳予倩迟到了五分钟，便因此被李叔同拒之门外了。李叔同之所以如此，倒不是因为高傲，而是他的时间观念素来苛刻。事实上，即使是诚子，如果不守时，或者擅自打乱了他的计划，他有时候也会生气。

只不过，他对她，即使生气，也是和风细雨的。

在她心里，他是个英雄。她愿意做他的红颜，沦陷在他生命里。

1907 年夏天，春柳社又排演了《黑奴吁天录》，也就是《汤姆叔叔的小屋》。李叔同扮演女奴埃米莉，兼演圣克莱尔。他飘飘洒洒地演绎着，仿佛天生就是个演员。

故事是这样的：肯塔基州的农场主谢尔比正面临着因欠债而失去其田地的困境。尽管他与妻子对待奴隶十分友善，但谢尔比还是决定将几名奴隶卖给奴隶贩子来筹集资金。将被卖掉的两个奴隶分别是汤姆叔叔和女奴伊丽莎的儿子小哈里斯。

伊丽莎无意中听到了谢尔比夫妇打算将汤姆与小哈里斯卖掉的对话，便带着小哈里斯于深夜逃跑了。汤姆叔叔被卖掉了，他被装到船上，沿着密西西比河顺流而下。在船上，汤姆救了落水的女孩伊娃，两人因此相识。出于感恩之心，伊娃的父亲圣克莱尔将汤姆从奴隶贩子手里买来，并且带到了自己在新奥尔良的家里。汤姆与伊娃变得亲密无间。

伊丽莎在逃亡途中，偶遇丈夫乔治·哈里斯，他们决定前往加拿大，却被奴隶猎人洛克及其同伙诱捕，乔治被迫向洛克开了枪。

回到新奥尔良后，圣克莱尔与他的北方堂姐奥菲利亚因对奴隶制的不同见解而发生了争吵。奥菲利亚反对奴隶制度，却对黑人持有偏见；圣克莱尔则认为自己没有这些偏见，虽然他自己是个奴隶主。

两年以后，伊娃得了重病。临死前，他梦见了天堂，并将梦境告诉了身边的人。由于伊娃的死以及她的梦境，其他人决定改变自己的生活：奥菲利亚决定抛弃对黑人的偏见，而圣克莱尔则承诺给汤姆以自由。

圣克莱尔在履行诺言之前，意外被人刺死。妻子拒绝履行其他生前的承诺，将汤姆卖给了凶恶的农场主勒格里。勒格里将汤姆带到了路易斯安那州的乡下。汤姆拒绝服从勒格里的命令去鞭打他的奴隶同伴，因此受到了残忍的鞭笞。

汤姆认识了女奴凯茜。凯茜先前在被拍卖的时候，曾被迫与她的子女分离；由于不堪忍受另一个孩子被出卖的痛苦，她杀死了自己的第三个孩子。汤姆鼓励凯茜逃跑，并让她带上他的朋友埃米莉。在汤姆拒绝告知她们的去向时，勒格里命令他的监工杀害了汤姆。

在乘船通往自由的路上，凯茜与埃米莉遇见了乔治·哈里斯的姐姐，凯茜发现伊丽莎便是她失散已久的女儿，是多年前被奴隶贩子带走而失踪的。伊丽莎与丈夫逃到了加拿大，凯茜和埃米莉也逃到了加国，母女得以团聚。汤姆旧时主人的儿子小乔治在父亲死后，释放了全部的奴隶。

奴役与被拘役，自由与反自由，在台上强烈地对撞着。李叔同演绎得极其精彩，他全力烘托出了黑白种族不平的悲剧。谢幕后台下掌声如潮。人们都记得那句谢幕词：只要有人的地方，决不允许有一半自由，一半奴役，并存于世界。

当时的中国，内忧外患之时，又偏偏遭遇了自然灾害。江水泱泱，万千同胞的生命财产付诸洪水。此时的大清朝廷，自顾已是不暇，更别说照拂天下苍生了。大概是这样，洪水若不到紫禁城，帘幕后的那个女人就永远是那个无动于衷的模样。倒是远在异国的学子们，对同胞所受之苦难，感同身受，忧心如焚。《黑奴吁天录》里面的黑奴由中国学生演绎，是中国青年苦闷的宣泄，也是他们对不作为的满清，以及恃强凌弱的列强之抗议。

中国人演西洋戏剧，这是历史的开端。这场戏后，许多中国留学生争着加入春柳社。那段时间，春柳社社员激增，除了中国的留学生，日本的青年，印度的学生，也有不少挤了进来。他们演戏，有时候用汉语，有时候用日语。戏剧如音乐绘画，也是不分国籍的。

受春柳社的影响，1907 年秋，王钟声等在上海组织成立了春阳社，也演出了《黑奴吁天录》。欧阳予倩认为这是话剧在中国的开场。1909 年天津的南开学校演出了张伯苓编导并主演的《用非所学》，是北方演出新剧的开端。

自此开始，十年之间，以上海为中心，天津、北京、南京、武汉等城市都出现过新剧团体。其中主要的团体除春柳社、春阳社、南开新剧团外，还有以陆镜若为主干的文艺新剧场、任天知创办的最早的职业剧团进化团、和马绛士等合办的新剧同志会（即春柳剧场）、刘艺舟的励群新剧社、郑正秋主持的新民新剧社等等。他们所演的代表性剧目，大都具有宣传革命、反抗封建的精神。

其后的两年，李叔同对于戏剧仍旧痴迷不减。不过，大概是观众厌倦了，不管他怎样倾情演绎，台下的喝彩却是越来越少。更让他无奈的是，清廷觉察到《黑奴吁天录》里暗藏的革命之音，下令停止此类演出，并警告说，如果谁再参演，就取消留学费用。于是，春柳社在东京的活动偃旗息鼓了。

李叔同终于从戏台上走了下来。对他来说，作画或者演戏，都不可能是人生的归宿。他之所以演戏，不为成名，不为受人追捧，只为在某种情节里看到沧桑变幻。可以说，演的是戏，品的是世间的万千浮沉悲喜。

结束的时候，李叔同很失落，幸好有善解人意的诚子在身边。他是她的书生，也是她的英雄。惆怅也好，落寞也好，她都愿意在他身边，以女子的温柔，化解他的悲愁。有时候，他也觉得幸福。人生得遇这般温婉女子，的确是幸事。

不演戏了，李叔同又开始专注于作画。诚子在他的笔下，静默或窈窕，任时光激赏和收藏。画毕，才子携了佳人，从午后到黄昏，从月上柳梢到夜深人静。他们在彼此的生命里游弋，是不醉不归的模样。

他不知道，是否能给她时光静好。毕竟，他是喜欢飘荡的。

他画着她的模样。他想知道，是谁的笔，在画他人间的旅程。

窗外月落了，诚子在他身边睡得安恬。他醒着，与静夜为邻。

他知道，人生这场戏，怎么唱都不会圆满。

故里也天涯

我愿，在你的轮回里，盛放或者凋零。

我愿，在你的生命里，停泊或者流浪。

爱情中的人们，说得信誓旦旦，仿佛真的可以不弃不离。可是，曾经花前月下说过永远的，又有多少能够白首到老？尘缘自有定数，誓言终是虚渺。往往是，不经意间就走出了彼此的世界，从此各自天涯。

又是个春天。微寒的日子，诚子的心情如帘外的天气。李叔同完成了学业，不久后即将离开日本，诚子很忐忑。如果没有任何顾虑，她的心情大概是这样：听说你要离开，我马不停蹄追你，能否，给你一颗初心，换来一粒菩提。

这个痴情的女子，愿意随那才子而去，哪怕地角天涯。她是个心思简单的女子，心里的愿望无非是，人生被他收藏，妥善安放，悉心照看，免她惊，免她苦，免她四处流浪，免她无枝可依。她相信，在他身边，就可安然。

诚子担心的是，母亲不允许她离开日本前往中国。而且，她也不舍得让渐渐老去的母亲承受孤独。尽管如此，诚子还是将自己的想法告诉了母亲，征求她的意见。让诚子感到意外的是，母亲同意了。只不过，她希望诚子每年回国去看她。

1911 年 4 月，李叔同回国，诚子告别故土，随他漂洋过海。离开母亲，诚子难免感伤，却也掩不住喜悦。只因，她的身边有个叫李叔同的才子。从相逢之日开始，她就认定，只要他愿意，她就会伴在他身边。只是，最初她并不知道，四年以后他会带着她回归故土，以爱的名义。

或许，樱花盛开的时候，他们携手漫步花间，无意间说过天长地久。爱得炽烈，那女子当真了，她是真打算与他白头偕老的。如果可以，她愿意陪伴着他，暮暮朝朝，不离不弃。就像她说的，有他在的地方，就是她的家。

此时，对李叔同来说，诚子已是他心灵的栖息之所。

寂寥之时，凄苦之时，这个女子总会适时地送上温暖，以明媚，以柔情。

在他面前，她总是笑得灿烂。可以说，她是他的人间四月。

假如诚子不随他回国，李叔同定会落寞许久。他知道，自己爱那个女子。她的质地，她的性情，他都很喜欢。在她身边，他总会觉得，从前那些纵情声色的日子太过荒唐。她让他认为，人生该是清如水明如镜的。但他不确定，带她回国是否正确。他的人生，始终如小舟，颠簸在海上。

上海，李叔同和诚子的落脚之处，是位于法租界的一间公寓。经过李叔同的装饰，房间透出了几分艺术气息。收拾完毕，诚子坐到钢琴前，素手触碰琴键，旋律悠悠传出。窗外，是她喜爱的四月天。

一曲弹罢，诚子回头，发现李叔同已在画纸上留下了她方才弹琴的样子，很美，很高贵。在他心里，她就是这个样子。她喜欢这样，寂静与欢喜，被他悄然定格。

终于，两个人就像是结束了完美的合作，深情拥抱。

阳光很暖，春水很长。这是属于他们的良辰美景。

夏天，李叔同回天津，将诚子留在了上海。母亲的悲剧历历在目，他宁可让诚子暂时忍受孤独，也不愿让她被人冷嘲热讽。恬淡的诚子，并没有问东问西，她知道他在天津有家室，她不想知道太多。对她来说，只要能在他身边，就已足够。

临走，诚子问他，何时回来。他说，最多半年以后。

然后，他们默然作别。旗袍下的诚子娇媚动人，他有些舍不得。

在天津，李文熙带着全家人，来迎接数年未见的弟弟。现在的文熙，已是个四十开外的忠厚长者。从前所有的隔阂，经历了岁月磨洗，如今都已消失不见。剩下的，是浓于水的骨肉亲情。两兄弟终于可以坐下来，好好喝几杯酒，说说人生聚散，说说世事难料了。

李叔同回到天津的消息很快就不胫而走了。在人们看来，他是带着洋学问风光无限地回来的。不久之后，李叔同将诚子的裸体油画堂而皇之地挂到了意园旁边的洋书房里，配以全新的红木家具。那样的画太过惊世骇俗，人们免不了奔走相告。迂腐的老学究们，又有了贬斥的对象。只不过，李叔同压根不去理会。

那个秋天，李叔同脱去了留学生的洋服，换上了流行的教师服饰：灰布长袍，黑呢马褂，布袜布鞋。他在直隶高等工业学堂做了教师，教授绘画。开始了为人师表的生活。十多年前，李叔同的书画就在天津出了名，近年又在日本学习油画专业，基于他在绘画方面的造诣，直隶高等工业学堂专门为他开设了绘画课程。

过去的样子，风流倜傥也好，冷傲清绝也好，似乎都不适合为人师表。做老师，不是在台上演绎悲喜浮沉，台下的学生纵然可以算作观众，想听的也不是唱念做打。在李叔同看来，身为人师，就必须心静如水。他和过去的自己作了别，在学生眼里的他，是肃穆而又温和的。

现在，李叔同的生活是这样：白天在学校上课，晚上闲来无事，就在家里弹琴作画，或者写几首诗。偶尔，他会与兄长文熙小酌几杯。当然，他的心里始终记挂着诚子。尽管临行前，他曾嘱咐好友许幻园和曾孝谷对诚子多加照顾，仍觉得愧对她。

她只是个弱女子，随他远渡重洋，他却将她留在那座陌生的城市，虽然事出无奈，终究是心有不忍。所以，日子虽然充实，他还是想尽快南下，回到诚子身边，结束她的孤苦伶仃。

那时候，整个中国，革命的呼声此起彼伏。许多事都在繁华与萧瑟之间摇摇欲坠，金融市场也是波澜重重，钱庄票号不断倒闭，倒下的钱庄开始侵吞客户的存银，就像大厦顷刻间崩塌，里面的人来不及发出声响，就就压在了断壁残垣之下。

桐达李家也没能躲过劫难，存在义善源号的五十万两银子被侵吞。天津盐业也越来越不景气，不久之后，李家在源丰润号的存银也悄然消散了。至此，李家的家当几乎全军覆没。冬至，桐达李家宣告破产。

那些天，兄弟两人经常共坐饮酒。李文熙是借酒浇愁，祖辈基业在他手里丧失殆尽，他免不了长吁短叹。李叔同倒是看得很淡，他知道，富贵荣华，功名利禄，都只是过眼云烟。看兄长意志消沉，只好尽力宽慰。

多年前，他曾这样写道：人生犹似西山日，富贵终如草上霜。

因为看得通透，所以无所挂碍。所谓潇洒，应是如此。

李叔同，喜欢过许多东西。但他，从未在某件事上沉沦过。

得失随缘，心无增减。他明白其中的真意。

此时，革命的潮水蔓延了万里河山。曾经煊赫无比的大清帝国崩塌了，王朝的最后时光不过是无味的回光返照，自然经不起四海风浪。几千年的封建帝制被抛入了岁月深处，中华民国建立，人们从旧的樊笼里挣了出来。但是北方的大地并不安宁，烽烟仍在，动荡仍在。又因为念着诚子，天津这地方，虽是故里，却似天涯。

李叔同决定立即南下。他没有与妻子俞氏商量，只是在某天回家时直白地告知。那段时间，他们仍如从前，保持着结发妻子的相敬如宾。俞氏比以前更加沉默了，越来越像已故的婆婆。

他在家时，他们的对白也很少。俞氏心里清楚，洋书房里那幅画上的女子，才是丈夫念念不忘的那个人。至于她，从来也没有奢望过被他爱。

张爱玲在小说《红玫瑰与白玫瑰》里说，也许每个男子全都有过这样的两个女人，至少两个。娶了红致瑰，久而久之，红的变了墙上的一抹蚊子血，白的还是窗前明月光；娶了白玫瑰，白的便是粘在衣服上的一粒饭粒子，红的却是心口上的一颗朱砂痣。

对于李叔同来说，俞氏不是窗前明月，也不是朱砂痣。他对她，只有敬意，毕竟，这女子操持家庭多年无怨无悔。俞氏习惯了沉默，现在似乎连表达的愿望和勇气都丧失了。李叔同说要去上海，她只能默许。

于是，他真的走了，在除夕之前。走得有些冷漠。

俞氏在他身后落泪，他大概是知道的，却没有回头。

冬天，隔断了他们。竟是永别。

第四卷：转身红尘外

夜静山空，独看万家灯火。众生仍在迷惘，他却无比清醒。

与世事痴缠多年，终于明白，痴情近乎无情，圆满恰似空寂。

蓦然回首，世事了无痕迹。

红尘闹市

过去，已还给了时光；未来，还在暗中迷惘。

我们不知道，是否能抵达明天。所以只能，以最好的自己，活在当下。

就像王小波说的，蓬勃生活在此时此刻，无所谓去哪，无所谓见谁。那些将要去的地方，都是我们未曾谋面的故乡。我们不能选怎么生，怎么死；但我们能决定怎么爱，怎么活。

李叔同似乎总在修正自己的人生，但无论何时，他都活得精彩。不同的年岁，有不同的景致，小到溪流草木，大到山河岁月，他都愿意拿来沉淀自己。最终，沉淀出了红尘皆空幻的念头。此时，他在南下的路上。上海的繁华在等他，他却只为那个叫诚子的女子而来。他不想，让她独自徘徊。

北方在飘雪，南方在下雨。傍晚的黄浦江码头，拥挤着接待归客的人群。李叔同下了船，看到几个熟悉的身影。许幻园、曾孝谷、诚子，不约而同地唤他的名字，他觉得很温暖。有故人的地方，总不会太凄寒。

许幻园叫了黄包车，他们坐车回到了法租界的寓所。细雨霏霏的夜晚，几个好友把酒纵论天下之事，从倾塌的大清，到新生的民国，从北方的烽火连城，到南方的清静安详，谈得甚是欢畅。诚子在旁边听不太懂，却也为他们故友重逢而欣喜。酒意渐浓，诗意也油然而生。心有所感，李叔同填了一首《满江红》：

皎皎昆仑，山顶月、有人长啸。看囊底、宝刀如雪，恩仇多少。双手裂开鼷鼠胆，寸金铸出民权脑。算此生，不负是男儿，头颅好。

荆轲墓，咸阳道；聂政死，尸骸暴。尽大江东去，余情还绕。魂魄化成精卫鸟，血华溅作红心草。看从今、一担好山河，英雄造。

这首词可谓壮怀激烈，慷慨悲壮，字里行间无不透着豪迈之气。三十三岁的李叔同，看那没落王朝终于崩塌，有志之士仍在倾洒热血，心中不免豪情从生。毕竟是热血男儿，笔下并非只有长亭古道芳草。他的心里，始终是装着天下和苍生的，只不过，了悟之前是激情澎湃，了悟之后是满心慈悲。

生命之中，他不断地寻找，也不断地放下。不管做什么，都不让人失望。也难怪他后来要遁入空门，人太聪明，名利富贵又来得太容易，在这样热闹的红尘里抵达巅峰，见世间之人喧喧扰扰，也便是，诸公衮衮向风尘，人生如蜉蝣蝼蚁，定会觉得无味。

因而红尘颠倒，便去了尘埃里，修了大佛法。

经过红尘闹市，方知清静意味，就是如此。

深夜，许幻园和曾孝谷告辞而去。李叔同拥着诚子，半年未见，她清瘦了不少。不过现在，他回来了，她的世界蓦然间春草依依。许久，她才从他怀里出来。灯火之下，他们凝望彼此，如初见时那般欢喜。

她喜欢，在他眼神里寻找自己；他喜欢，在她魂灵里忘却自己。

此夜，欢情如旧。窗内的灯火，窗外的细雨，对望无语。

回上海后，李叔同在杨白民主持的城东女学教国文，并没有教授艺术课程。事实上，回国以后，无论是绘画还是戏剧，都没有成为他的职业。桐达李家破产了，他必须依靠自己的双手去支撑生活。

倘若还是从前那样，能每月按时从钱庄拿到丰厚的生活费，他绝不会甘心做个教员。艺术这件事，自然是多彩的，但若以此为生，又往往免不了清贫。他要承担家庭，要给诚子安稳，就不能活得快意潇洒。何况，此时的他，早已不是过去那个风流浪子。

这份工作，来源于他与杨白民的交情。在日本时，经黄炎培介绍，李叔同结识了杨白民。那时候，李叔同在杨白民的校刊《女学生》

上发表过文章，三篇《艺术谈》，一篇《释美术》，向国人介绍初级西画知识，以及麦秆画、铁画、纸工等女子手工知识。

城东女学是民办学校，女生们的年龄和国文水平参差不齐，李叔同教起来非常轻松。闲暇时，他大多时间都用来陪伴诚子。偶尔，他也会与好友相聚，喝几杯酒，闲话人生。1912 年 3 月，李叔同参加了城南文社从前社友们在愚园路举行的雅集。可惜，此时的雅集，再也没有了城南草堂时代的意趣。

同道中人，纵有诗酒，却再也没有过去那样纯粹的快乐。

吟风赏月，狂歌把盏，都成了过往。再打捞也不过是唏嘘而已。

某些岁月和情怀，走出来便再也回不去。

年华易逝，去日已远，我们只能且行且珍惜。

李叔同加入了柳亚子所发起的南社，他基本是奔着雅集而去的。后来，他与曾孝谷组织了以研究文学和美术的文美会，却是惨淡收场。原本计划每月都举办雅集，结果从头到尾只举办过一次。那次雅集倒是颇有规模，参与者也不乏名望卓着的前辈，比如李梅庵和吴昌硕。

参加的人各自捐出艺术品，如蒋卓如先生的书联、李梅庵先生的折扇、沈筱庄的象牙扇骨等。李叔同则拿出了自己的篆书作品。读诗看画，饮酒倾谈，大有魏晋遗风。

那年春天，陈英主持创办了《太平洋报》，邀请李叔同做主编，他欣然就任。与文字为邻，总不会太乏味。他在《太平洋报》上发表了两首《题丁慕琴绘黛玉葬花图》，字里行间尽是他的寂寞和淡泊。

飘零何事怨春归，九十韶光花自飞。
寄语芳魂莫惆怅，美人香草好相依。

收拾残红意自勤，携锄替筑百花坟。
玉钩斜畔隋家塚，一样千秋冷夕曛。

除了亲笔撰写内容，李叔同还主动负责起了广告和版面设计。在《太平洋报》的创刊号上，他刊登了最新式的广告，想了个主意即在新闻中插放广告，以区别单独设计专版的旧式广告。这些广告花样百出，各种煞费苦心的设计可谓妙趣横生。对自己的创意，李叔同暗自窃喜。

南社里头，除了柳亚子、黄宾虹、叶楚伧等人，还有人们熟知的苏曼殊。彼时，不上课的时候，李叔同经常在报馆三楼的一个小房间里读书写稿。苏曼殊也住在那座楼里。他的人生，可谓传奇。

他是才情卓绝的，亦是放浪形骸的。苏曼殊出生于广东，母亲是位日本女子。因为出身低，他的童年与李叔同相似，在冷眼中度过。十五岁，苏曼殊去日本横滨求学，与日本姑娘菊子陷入热恋，却遭到了家人强烈反对。苏家向菊子父母问责，菊子被痛打，结果投海而死。此事让苏曼殊万念俱灰，回到广州后，他便去蒲涧寺出了家，开始了袈裟披肩的人生。

他是情僧。面对关河萧索的衰世惨象，苏曼殊痛不欲生。渡湘水时，他作赋吊屈原，对着滔滔江水长歌嚎陶。后来，他以自己与菊子的初恋为题材创作了情爱小说《断鸿零雁记》，感慨幽冥永隔的爱恋之苦，也引得不少痴情男女泪湿襟衫。他死后被葬于西泠桥，与苏小小墓南北相对，任几多游人唏嘘不已。

他是诗僧。他为后世留下了不少令人叹绝的诗作。1909 年，他在东京与弹筝女百助一见如故，但此时的苏曼殊已了却尘缘，无以相投，便垂泪挥毫，写了首诗：

乌舍凌波肌似雪，亲持红叶索题诗。
还卿一钵无情泪，恨不相逢未剃时。

在日本从事反清活动时，他时常为故国河山破碎而感伤，在《忆西湖》中这样写道："春雨楼头尺八箫，何时归看浙江潮。芒鞋破钵无人识，踏过樱花第几桥。"

那年，他们虽同在那座楼上，却没多少交集。李叔同不喜欢苏曼殊半僧半俗的做派。事实上，苏曼殊曾批评过李叔同的戏剧，他说，春柳社演《茶花女》《黑奴吁天录》《新蝶梦》等剧，都属幼稚，无甚可观。

不知道李叔同对此是否有耳闻。知道的是，他虽然不喜苏曼殊的做派，却很欣赏他的才华，不仅在《太平洋报》上发表了他的画作《汾堤吊梦图》，还发表了他的小说《断鸿零雁记》，使其名噪文坛。

数年以后，结束了三十五年红尘孤旅，苏曼殊走完了自己的人生。临走前，他留下了八个字：一切有情，都无挂碍。那年，李叔同走出了红尘，入了空门。

他们相似，却又很不同。苏曼殊身在空门，却不曾完全放下尘世。李叔同更决绝，去了便再无尘俗念想。

人在画中行

生活原本平淡，却可以充满情味。

未必是诗，未必是画。几杯淡酒，几行小字，几许白云流水，便能让生活意趣无穷；箪食瓢饮，野村陋巷，有了清风月色，便也有了清雅味道。唯有沉入生活，才能品尝到它的美妙。很多人之所以怨声载道，是因为浮在生活的表面上。

李叔同从不抱怨，他很清楚，该来的总会来，该去的总要去。生命很短，与其无味怨艾，不如笑看风云。《太平洋报》在经历了初期的热闹后，终于因支撑不了整体运营，于夏末被迫闭馆。他的心血付诸东流，却也只是淡然离开。似乎，早已料到了这样的结局。

生活，冷冷地站在面前。近处的诚子，远处的俞氏和两个儿子，都只能依靠他。城东女学的薪水不够维持两边的生计，他必须另谋出路。他是个艺术家，若不是为了生计，他的日子该是，听风看雨，吟诗作画。可是现在，他不得不在人海里，以艺术之手去打拼生活。在人们以此为悲哀时，他已带着行囊，去了想去的地方。

他去的，是杭州。在《太平洋报》关门不久，李叔同赴朋友之约去了杭州。邀他前去的，是曾经也在日本留学的浙江两级师范学校校长经子渊。不久后，李叔同答应经子渊，到其学校任教，教授绘画和音乐。之所以决定去杭州，首先是盛情难却，经校长对他的才华十分欣赏；其次，静如处子的杭州，是个极好的去处，他有如归故里的感觉。

1912年9月，李叔同将诚子留在上海，只身去了杭州。对此，诚子并无怨言，她知道他的难处。临行前的晚上，他们在灯下依偎。他的咳疾又犯了，在东京的最后那年，他开始犯咳疾。诚子取了两勺枇杷膏，用滚水冲好，递给他。等他吃完后，她又为他冲了莲子汤。看着面前这个知冷知热的女子，他有些心疼。

这是个很短的秋夜，红尘模糊，凉意分明。

离别两个字，横在他们中间。淡然的他，也怕离别。

黯然销魂，唯别而已。没有故事的人，不知其中滋味。

黎明，李叔同起来时，诚子正在为他整理行装。他的行囊很简单，除了衣物，便是文具和画具，以及几本诗词。收拾妥当，李叔同抱了抱诚子，然后走出了门。怕看见她的泪水，他没有回头。

杭州，他来了，不声不响。他有诗有画，有万千丘壑在心，配得上山水的情意。到了师范学校，他并没有引起谁的注意，这倒合他的心意，他喜欢清静。只有校工闻玉替他搬行李，而后又收拾房间。严肃而安详，沉默而友好，在闻玉眼中，李叔同是这样。其实，在学生们眼中，他也是这样。

不久之后，李叔同认识了两个同事，姜丹书和夏丏尊。后来，他与夏丏尊成了莫逆之交。相识不久，西湖的湖心亭，就有了这几人品茗赏月的身影。对李叔同来说，在山水相依的地方，与好友对饮倾谈，永远是人生快事。只是，偶尔忆起从前，不免伤感。那晚回去之后，他在灯下独坐，写下了《西湖夜游记》。

于时晚晖落红，暮山被紫，游众星散，流萤出林。湖岸风来，轻裾致爽。乃入湖上某亭，命治茗具。又有菱芰，陈粲盈几。短童侍坐，狂客披襟，申眉高谈，乐说旧事。庄谐杂作，继以长啸，林鸟惊飞，残灯不华。

起视明湖，莹然一碧；远峰苍苍，若现若隐，颇涉遐想，因忆旧游。曩岁来杭，故旧交集，文子耀斋，田子毅侯，时相过从，辄饮湖上。岁月如流，倏逾九稔。生者流离，逝者不作，坠欢莫拾，酒痕在衣。

刘孝标云：“魂魄一去，将同秋草。”吾生渺茫，可唏然感矣。漏下三箭，秉烛言归。星辰在天，万籁俱寂，野火暗暗，疑似青磷；垂杨沉沉，有如酣睡。归来篝灯，斗室无寐，秋声如雨，我劳如何？

日暝意倦，濡笔记之。

生者流离，逝者不作，坠欢莫拾，酒痕在衣。

总是这样，盛筵犹似从前，人以各奔西东。

就像蒋捷《虞美人》所写，少年听雨歌楼上，红烛昏罗帐；壮年听雨客舟中，断雁叫西风；而今听雨僧庐下，雨滴到天明。悲欢离合，总是无情，谁都没有办法。许多从前，曾经花月纵横，后来回首，只剩落花满地，无法拾掇。

我们能做的不过是，学着看淡，学着随缘。

若能看淡，天无非阴晴，人无非聚散。

绘画与音乐，都不是师范学校的主要课程，所以李叔同并不忙碌。那些日子，他时常四处闲走。有时候，他去茶馆消磨时光；有时候，他去广化寺边的豆神祠小住。他更喜欢后者，听着讲经之声，感受着属于古刹的氛围，他很是向往。那里的宁静和悠远，的确是喧嚣尘世不可比的。

回到学校，他又是那个肃穆又安详的教师。他备课极其认真，一节课要准备好几个小时，而且总会事先写好板书；讲桌上点名簿、讲义、手表三件物品永远都在；他喜欢早于学生进入教室；讲课的时候，时间控制得很牢，绝不浪费半点时间。

李叔同高而瘦，上半身穿着整洁的长衫，站在讲台上。宽阔的前额，细长的眼睛，垂直的鼻子，厚大的嘴唇；动作时，有时做成深窝。

这样使人觉得温和，否则便显得严厉。讲台前面那些年轻人，十年后有不少名声大噪，比如，画家丰子恺、音乐家刘质平、作家吕伯攸。

李叔同深知为人师表四字的重量，所以不允许自己有丝毫的马虎。他也知道，传道受业解惑的意思。智慧卓绝的他，可以为学生指点迷津。但是终究，人生的路要自己行走，岁月的河要自己泅渡。事实上，他也还在寻找归途。

到杭州后的第二年，浙江两级师范学校更名为浙江第一师范学校。李叔同的生活平淡而充实。上课之余，或者去茶馆静坐，或者去古刹听禅，或者约几个好友喝茶闲谈。每隔十余天，他会回上海与诚子相聚。他们的相聚并不浓烈，也不怎么倾诉离情。

就那样，淡淡地相拥，任流光记住那无声胜有声的美丽。

无论如何，相聚之时，总是相看不厌；离别之时，又是默然感伤。

诚子很知足，目送他离开，往往会叮咛几句。他是她的全世界。

1914 年，李叔同与夏丏尊等人成立了金石研究团体乐石社。李叔同为二十几名社友作了小传，在自己的小传里，他自嘲道："幼嗜金石书画之学，长而碌碌无所就。性奇僻不工媚人，人多恶之。"乐石社定期举行雅集，切磋篆刻技艺。活动结束后，所刻的印章集成印谱，刊印为《乐石集》。集子印好后，李叔同还将它们分次寄往东京母校，供后来的校友们参考。

这年，李叔同开始给学生讲人体写生课。他将东京时期的学习经验搬到了自己的课堂上。室内写生课，他准备了不少石膏像，从三角锥得到拉奥孔，分各种难度，以便让学生从基础开始，慢慢把握描绘对象的形状和质感。他还开设了西洋美术史这门课，由于史无前例，只好自己撰写讲义。

上课的时候，面对沉默的石膏像，他会想起诚子，想起他们邂逅的情景。那日，阳光正好，衣袂翩翩的少女，从窗口走到了他的画里。七年以后，她还在他的故事里，相见时温婉，离别时沉默。他是想过和她天长地久的。

西湖边上，出现了支着画架写生的学生。李叔同也总是在学生中间。他喜欢这里，无论是草长莺飞的春日，还是莲叶田田的夏日，抑或是残荷听雨的秋日。现在是春天，梨花白，菜花黄，染柳烟浓的日子。在他的笔下，那个春天是这样的：

春风吹面薄于纱，春人妆束淡于画。
游春人在画中行，万花飞舞春人下。
梨花淡白菜花黄，柳花委地芥花香。
莺啼陌上人归去，花外疏钟送夕阳。

日和夜相约成痴，人间有了喧嚣和静谧；风和雨相交成趣，人间有了欢笑和泪滴；云和月相伴成奇，人间有了诗情和画意。这样的人间，是值得交付真诚的。

心若荒芜，人间便是荒原；心若灿烂，人间便是田园。

身在红尘里，心居云水间。活在人间，该是这样。

有味是清欢

带着诗，带着画，带着丰盛的自己，悠然走在烟雨江南。

那个清瘦的身影，便是李叔同。梦里的江南，总有小桥流水，总有烟月朦胧。他偶尔停下，想从梦里走出，看看红尘外面，是否也有花开陌上。

已经是1915年了。日子过得不紧不慢，李叔同渐渐有些百无聊赖了。如今他最喜欢去的地方是禅院，看青灯古佛，听佛音禅声，总能让自己彻底静下来。每每此时，他总会游离于尘世之外。那种静谧中的遥远，他越来越难以割舍。与之相对，红尘琐事，为人师表也好，爱恨纠葛也好，渐渐觉得无味。甚至写诗作画，也没了曾经的意趣。

初夏，南社的柳亚子等人到杭州散心，在西泠印社举行了临时雅集。李叔同和他们在西湖孤山邂逅，兴致上来，众人同去凭吊了冯小青。

冯小青，明万历年间扬州人。生于书香门第，不仅能歌善舞，还喜欢舞文弄墨，才气不输须眉。后家道中落，来到杭州，寄居在父亲好友冯员外家里。不久后，她与冯家大公子冯通结识，二人互相倾慕，尤其是冯小青的才华深得冯通的喜爱，在冯员外的支持下有情人终成眷属。

然而，由于冯通的原配夫人崔氏对冯小青十分嫉妒，百般破坏他们的感情，导致冯小青与冯通很难相见。她只得徙居孤山别业。亲戚劝其改嫁，痴情的冯小青不从，终于凄怨成疾，命画师画像自奠而卒，年仅十八岁。

冷雨幽窗不可听，挑灯闲看牡丹亭。
人间亦有痴于我，岂独伤心是小青。

她的诗，后来还有人想起。但她终究是带着遗憾，凄凉地去了。她的坟茔坐落在孤山脚下的梅树丛中，民国时期前去凭吊者不绝。不过，这次李叔同等人之所以去凭吊，主要是因为他们中间有个名伶冯春航，他曾扮演过冯小青。在南社，冯春航很受追捧，柳亚子甚至曾在报纸上开专栏赞美他。

人们叹息着写诗填词，对那个早逝的才女表达同情。那天，李叔同很沉默。他不是没有感触，只是不喜欢这样热闹地去惊扰那安睡的女子。三百年了，寂寞也好，凄凉也好，都归了孤山青草。带着喧嚷前来，说是凭吊，其实主要是为了迎合那个春衫花旦，难免有些附庸风雅的意思。

如果非要凭吊，他更愿意独自来到孤山脚下，与那个三百年前的才女倾谈，以沉默对沉默。或许，他也愿意停步于西泠桥畔，忆起更遥远的苏小小的悲欢往事。不管怎样，斯人早已远去，面对孤坟荒冢，定会生出感叹。

才子佳人也好，风流快意也好，总会默然消散，成为岁月尘屑。

繁华陌上，聚散离合，终会成为过往，留下荒烟蔓草。

倒是古刹钟声，日日敲打着岁月，有些不悲不喜的悠然。

这次雅集后，柳亚子作了《明女士广陵冯小青墓》散记，描述了冯春航扮演冯小青之事，以及凭吊时的伤感和落寞。李叔同用北魏书法将雅集上的二十人名字，写成二碑，立于冯小青墓的两侧。结束了那样的热闹，他又回到了寂静里。

在他的寂静里，有个人时常出现，他就是夏丏尊。因为性情十分相投，相识之后他们渐渐成了无话不谈的知己。夏丏尊是浙江上虞人，在李叔同去日本那年，他也赴日留学。不过，他的家境比较贫寒，在亲友的帮助下，才得到机会去日本弘文书院。在临近毕业时考东京高等工业学校希望能拿到政府补贴，却没有通过申请，终于辍学回国。此时，他在浙江第一师范学校做舍监。

咸淡皆有味。这是夏丏尊对李叔同的印象。夏先生说，在李叔同看来，世间竟没有不好的东西，一切都好。小旅馆好，统舱好，挂褡好，破席子好，破旧的手巾好，白菜好，萝卜好，咸苦的蔬菜好，跑路好，什么都有味，什么都了不得。

往往是这样，精神世界越丰盛，就越不屑于追逐物质。或许，对李叔同来说，良田广厦，玉盘珍馐，都比不上 几行清淡的句子。苏东坡说，人间有味是清欢。李叔同也是同样的心思。

夏丏尊在杭州城内弯井巷租的房子，有个好听的名字叫小梅花屋。陈师曾有写意画《小梅花屋图》，近处是缓坡竹林和三间瓦房，屋前有棵梅树，远处是浓淡不同的几处山峰。李叔同和夏丏尊常在小梅花屋清谈。某日，李叔同为那幅画题了诗：

屋老，一树梅花小。住个诗人，添个新料。
爱清闲，爱天然。城外西湖，湖上有青山。

李叔同喜欢这里，只因其清静。风花雪月过去了，轻裘快马过去了，只剩下往事浮浮沉沉。也好，两个人的清茶淡酒，也足以慰藉时光。

只是，对酌的时候，他还是会忍不住想起城南草堂，想起诗酒趁年华的天涯五友。在过去那年，某次回上海的时候，他重回城南草堂，见到的许幻园竟有些落魄。时局动荡，许幻园破产了。他不得不将城南草堂转卖。昔日的欢畅不在，只剩下物是人非事事休的叹息。后来，李叔同写了首《送别》：

长亭外，古道边，芳草碧连天。晚风拂柳笛声残，夕阳山外山。
天之涯，地之角，知交半零落。一壶浊酒尽余欢，今宵别梦寒。

长亭古道，芳草连天；夕阳山外，浊酒余欢。这世上，总有这样的画面，让离别的人们黯然消魂。没办法，每个人都都寻找归途。谁都无法代替他人走过人生。有繁华就有萧瑟，有欢情就有离殇。聚散只在须臾之间。

1915 年秋天，南京高等师范学校校长江潜邀请李叔同前去教授音乐和绘画课程，为了缓解生活压力，李叔同答应了。自此，李叔同开始往返于杭州与南京之间，回上海的次数比以前少了很多。

后来，在西湖烟霞洞，李叔同偶遇旧时好友，时任北京高等师范学校校长的陈宝泉，后者邀请他去北京担任教授，他虽然当面不好拒绝，但是分别之后，还是给对方写了封信婉拒了。

大概是因为越来越喜欢清静，李叔同对生活的热情渐渐淡了，以致于见到诚子的时候也不似从前那般欣喜。现在他们见面，几乎有点相敬如宾的意味了。仍会相拥，却不够温暖；仍有私语，却不再缠绵。他对她说的，从前是执手红尘，如今是人生如梦。

他说，一个人死时如脱衣服，甩去这物质的壳而不痛惜；死后，他可以如花蕾般，当花蕊落了，会留下种子；同时，他静坐，反观其性，只靠精神，便能打开另一个光华的世界，这些都是凡人所不能的。

他说，世间艺术，若没有宗教的性质，便不算真的艺术；宗教若没有艺术上的美境，也不算真的宗教；佛经上的至理，足可以视为精神的艺术。遵从它，不仅别人可以欣赏你，你自身也可以踮着脚尖欣赏自己，如同看一片云，看一山野草闲花。

诚子听得很茫然，他告诉她，他开始学佛了。诚子大惊，他说，学佛也未必要削发为僧，只是在寻找人生的境界。尽管如此，诚子还是很担忧。李叔同对她比以前疏远了，她能清楚地感觉到。她真的很怕，自己深爱着并为其漂洋过海的这个男子，会弃她而去，遁入空门。

相识八年了，她对他的性情非常了解。他可以温情，也可以浪漫，但是当他决定做某件事，便会头也不回。说了断就了断，说放下就放下，这就是李叔同。近来每次与诚子相见，他总会说起佛理，向往之情溢于言表。不过，诚子还是相信，李叔同不会离开她。但是最后，她失望了。

安妮宝贝说，最好的爱情是两个人彼此做个伴。不要束缚，不要缠绕，不要占有，不要渴望从对方身上挖掘到意义，那是注定要落空的事情。而应该是，我们两个人，并排站在一起，看看这个落寞的人间。很多故事，很多爱情，都是不该打探结局的。因为那里没有欢颜，只有落花时的挥手作别。

在过去的那些年，看起来李叔同与诚子似乎能有个完满的结局。没想到，情节陡然转换，便转出了满世界的不知所措。他做了教师，做得很严谨，学生也很喜欢他，没有人能想到，他会突然间转身离开人海。

他是个奇人，做什么都能做到极致，做到风华无双。

对待爱情，又是那样缱绻情深。但他，却看破了红尘。

桃李不言

王尔德说，做你自己，因为别人都有人做了。

李叔同是这样，永远都在真诚地扮演自己。诗人也好，画家也好，演员也好，教师也好，或许都只是他的外衣。真正的他，是那个去留随意的红尘过客。

大潇洒，大轻狂，大绚烂，他配得上这样的字眼。诗词歌赋、风花雪月，都在他的世界里悠然飘荡着。但是苍茫人间，他终究是厌倦了。此时，他就带着这疲倦，在杭州、南京、上海之间奔走。他不怕山高路远，但是怕路上太过喧嚷。

教员的生活，李叔同渐渐有些厌倦。如果说，还有什么让他觉得欣慰，那便是他的学生里有不少艺术天赋颇高的人，比如丰子恺和刘质平。

后来，丰子恺回忆说，李叔同在浙江师范任教时，教的是音乐和美术这两门课，但他的国文比学校里国文老师的水平好，他的外文比外文老师还要好，至于他的书法，也是全国闻名，却从不恃才傲物。在弟子面前，他不是靠自己的才华去做老师的，而是在生活和工作中以身作则，时时处处严于律己，用自己的实际行动去教育弟子做好学问，更要把人做好。

丰子恺音乐资质平平，最初上音乐课时，因为紧张总是出错，钢琴弹得乱七八糟。每弹错一次，李叔同就抬头看他一眼。丰子恺曾说，他对李叔同看他的这一眼，比什么都害怕，也比一顿严厉的训斥更有效。在后来的人生历程中，丰子恺每当由于不慎而做错一件事时，他总是会一下子想到李叔同抬头看他的那一眼。

不过，在绘画方面，丰子恺是个天才，李叔同很快就发现了。他是级长，丰子恺经常向李叔同汇报班里的重要事务。某天，在汇报工作时，李叔同对丰子恺说，他的图画进步很快，在杭州与南京两处授课，没见过如他这样进步快的学生。他点到为止，聪明的丰子恺已知晓了老师的意图，毅然决定从此与笔墨为伴。

刘质平与丰子恺相反，在李叔同的众多学生中，他的音乐资质是最高的。冬天，刘质平作了首曲子，请老师指点。李叔同拿过去简单看了看，让刘质平晚上去音乐教室找他，并约好了时间。

当晚，大雪纷飞，刘质平按时来到音乐教室门口，发现门是关着的，但有脚印通向室内。出于礼貌，他没有擅自推门，而是静静地站在门外等候。过了许久，教室里的灯亮了起来，李叔同拿着金表走了出来，认真地说："时间无误，你饱尝了风雪之味，可以回去了。"原来，他是在考察学生的心性。

对这些高徒，李叔同总会不遗余力地给予支持和帮助。年轻的丰子恺性情比较急躁，平时对学校训育主任的狂妄言行很是不满，某天因为琐事，与其发生了争执。血气方刚的丰子恺打了这位主任，此事被后者上报给教育厅。

丰子恺面临被开除的危险，李叔同因为爱惜其才华，在为此事召开的全校师生紧急会议上当众道歉，并且说，学生没教好，是老师的责任。事情平息了，对丰子恺的处罚由开除改为记大过。

刘质平出身贫寒，家境很差，但是学习很努力。后来他在日本留学时，经济上无以为继。知道他的困境后，李叔同去信鼓励他，告诉他对待学业要心无旁骛，其他的事老师帮他解决。

为了这件事，李叔同先是向校长经子渊求助，后又向浙江教育厅寻求资助，却都没有成功。而他自己，虽然在两所学校任教，但有南北两个家要支撑，手头并不宽裕。但尽管如此，他还是从每月的薪水里省出二十元，作为资助刘质平之用。

他十分认真地给刘质平写了一封信，列出了自己每月的收入和支出款项："现每月入收薪水百零五元。出款：上海家用四十元（年节另加），天津家用二十五元（年节另加），自己食物十元，自己零用五元，自己应酬费买物添衣费五元。如此正确计算，严守之数，不再多费，每月可余二十元，此二十元即可以作君学费用。将来不佞之薪水，大约有减无增，但再减去五元，仍无大妨碍，自己用之款内，可以再加节省，如再多减，则觉困难矣。"

风流浪荡，长袖善舞。曾经，他是这样。但现在，他是个老师，沉静而温暖。

横眉冷对千夫指，俯首甘为孺子牛。鲁迅先生自嘲之句，对他亦是恰当。只不过，他性情温和，不似鲁迅先生那般喜怒分明。抛开家室出家，被无数人指摘，他也只是笑而不语。因为他知道，金刚怒目，不如菩萨低眉。

后来，李叔同遁入空门，他的尘缘之心既然断绝，完全可以不必再理会弟子刘质平的求学问题，但是，临出家的时候，他依然为刘质平准备了一笔钱，供其读书。

这笔钱未凑齐的时候，李叔同给刘质平写信说，这笔钱若能凑够，他便出家为僧，否则，他就先不出家，继续工作赚钱。如此爱护弟子，早已超越世俗。在李叔同看来，身为人师，这是理所应当的。

他是个温暖的人，也是个有担当的人。他舍家入空门，并非不愿或者无力承担重量。而是，镜花水月的世界，他厌倦了。晨钟暮鼓，经卷禅声，是他心之所向。他走的，都是自己喜欢和向往的路。至于世俗之人认为的该与不该，以及那些肆意的褒贬，他都无心过问。对他来说，与其在意这些，还不如趁着月色，写几行文字。

纷，纷，纷，纷，纷，纷……惟落花委地无言兮，化作泥尘。
寂，寂，寂，寂，寂，寂……何春光长逝不归兮，永绝消息。
忆春风之日暝，芬菲菲以争妍；
既乘荣以发秀，倏节易而时迁。
春残，览落红之辞枝兮，伤花事其阑珊；
已矣！春秋其代序以递嬗兮，俯念迟暮。
荣枯不须臾，盛衰有常数；
人生之浮华若朝露兮，泉壤兴衰；

朱华易消歇，青春不再来。

在学校里，还有些事情，说不上趣事，但颇见李叔同性情。校舍里有个学生箱子被人撬开丢了钱，作为舍监的夏丏尊苦无对策，就来向李叔同求助。李叔同给他出主意，让他在校门口帖布告，说做贼的人快出来自首，若三天内不现身，足见舍监德不足以服人，便以死殉道。

然后，李叔同又补充说，这话必须说得诚实才能感动人。而且，三日后若无人自首，就真的要自杀才行，否则便无效力。夏丏尊看着他，竟无半点玩笑的意思。他的心灵，如他的灰大褂，没有皱纹。最终，夏丏尊选择了绝食。几天后，被盗之物真的物归原主了。

在李叔同的学生里，还有个未来的大艺术家叫潘天寿，他丢了件毛衣，查不出是谁拿的，又不能抄捡宿舍，李叔同学着夏丏尊的样子，也索性绝食，欲以身殉教育。学生们知道他向来说话算数，毛衣悄然间回到了潘天寿手中。

桃李不言，下自成蹊。他喜欢以己之手，扶着那些年轻的生命走向远方。但老师这个职业，并非他真正喜欢的。对艺术的渴求，他从未停歇过。日本人在报纸上说，留学东京美术学校的毕业生李岸，回国后怀才不遇，没受到重用，而郑曼陀之流专画美人月份牌，收入倒可惊人。对李叔同来说，这算是个痛处。尽管看上去，他对许多事都不在乎。

十里明湖一叶舟，城南烟月水西楼，
几许秋容娇欲流，隔著垂杨柳。
远山明净眉尖瘦，闲云飘忽罗纹绉，
天末凉风送早秋，秋花点点头。

那些年，他是个摆渡之人。走下他的渡船，学生们终将各奔前程。他自己，还在船上。为他摆渡的，是过往的时光。悲欢聚散，渐渐氤氲成了寂静。

江南还是诗意翩跹的。明山净水，芳草断桥，都让人流连。偶尔，他也会泛舟湖上；偶尔，他也会独坐水边。可是，在清幽的画面里，隐约之间，有了西风，有了落木。却也不说哀愁，只道，天凉好个秋。

久在江边站，必有望海心。他知道，何处可以归依。

远处，禅院钟声响起，掩住了所有尘嚣。

他不是归人

繁华如纸，画着画着，就画出了满地荒草。

生命如萍，漂着漂着，就漂到了寂寞天涯。

终究，踏遍红尘，你我皆是行人。那条遥远的路，看上去影影绰绰，有人推杯换盏，有人谈笑风生，转头却发现，只有我们自己，在时光里独饮。风流恣肆，快意潇洒，总会在岁月的酒里，被泡成寂静。

李叔同，醉卧花间有过，笑傲红尘有过，路上的喜怒哀乐，被他尽数收入行囊，成了如今归去的念想。他是个才子，丹青妙笔足以描绘千古风流；他是个老师，双手摇橹，欸乃声里自会桃李芬芳。可以说，不慕名利的他，已站在人生的巅峰。可他，不喜那高处的骄傲。他偏偏，希望能低入尘埃，在那里开出欢喜。

在遁入空门之前，李叔同先尝试了断食。这是 1916 年冬天，学校放了假，人们以为他回上海与诚子团聚了，没想到，他要去的不是上海，而是杭州大慈山定慧禅寺，也就是俗称的虎跑寺。西泠印社的叶为铭居士向他介绍了定慧禅寺，经他嘱咐，闻玉已在那里备好了日常生活用品。他决定在那里断食，便是定要去的。

去之前，他已给诚子写信说明了情况。诚子收到了信，不禁有些凄凉。寒冷的冬日，她需要他在身边，可他却去了寺院。那两年，他们渐渐疏远，虽然她清楚，他并非另有新欢，而是在找寻生命的皈依，但还是难免伤心。

她曾经以为，她就是他的皈依之处。她以为，他可以与她看似水流年，直到最后。可是现在，她知道了，就像经过他生命的所有女子，她也只是他暂时停靠的驿站。她还不到三十岁，看看镜中的自己，虽然有些憔悴，却仍是风姿不减。

她愿意在他的世界里，深情绽放，直到凋零。

可他，给了她花园，却不再给她温暖。

看着那封信，诚子忆起了上个暑假他陪她回国探望母亲的情景。在她的母亲面前，李叔同仍是那个称职的女婿，温文尔雅，稳重谦恭。东京的街头，她挽着他的臂膀，画面仍似从前。可是诚子知道，这个男子离她越来越远。

他们去泡温泉，但是整个过程中，李叔同总是在冥想。他有他的方向，他知道，走那条路，就必然要辜负诚子。他对她很愧疚，却不能让自己停下前行的脚步。尘世的小情小爱，都不能让他尘埃落定。诚子尽力将自己拉回现实，手中还拿着那封信，所有的字迹都是冬天的模样。

断食疗法源远流长，至今约有几千年的历史，如佛家有六斋日、十斋日的过午不食、闭关静坐。道家有言：“不食者神明而长寿”。孔子家信也说“食气者寿”。古代的圣哲贤人经常断食，不只为了健康，还为心智及灵性的提升，因为他们认为“填饱的胃不能思考”。

对所有生物来说，断食是天赐给身心的改造法，能收到意想不到的神奇效果。动物界中，不管是狮、虎、象这样的大型动物，还是鼠、虫这样的小动物，只要一生病，就会自己寻找一处静谧的地方，通过彻底的放松休息，不吃不喝，以消除病毒，恢复健康，这就是动物界的断食法。

植物界的各类植物随四时运行：春生，夏长，秋收，冬藏，其中周期性的冬藏是其生生不息的关键所在，这便是植物界的断食。断食疗法在日本是颇为流行，夏丏尊在杂志上看到了关于断食治病的文章，就把那篇文章给李叔同看了，并且说，断食似乎是明心见性的好办法。李叔同深以为然，很快就决定亲身实践。

定慧禅寺有个传说，唐代的时候，高僧寰中和徒弟来此结庐，而此地干涸无水，某夜他们梦见有神人预言，不久会有两只虎奔跑而来，招引泉涌不息。天明之后，梦境果然应验，两只虎奇迹般出现，在草庐附近跑地作穴，清澈的泉水汩汩而出。从此，这泉水便被称为虎跑泉。

现在，定慧禅寺里，李叔同已经开始了断食，并且决定写断食日记。他告诉闻玉，断食过程中，不见任何亲友，不拆任何信函，不问任何事务。家中若有事，由闻玉答复，待断食期满，再告诉他。而且，断食中，谢绝所有谈话。整天就是练字、做印、静坐，三个段落。

他为自己制定了周详的断食计划：全过程前后三个星期，第一星期，慢慢减食至完全不食；第二星期，只饮水全不进食；第三星期，由粥汤开始，慢慢恢复进食。

这次断食十分顺利。后来他回忆说，断食后，不但不觉得痛苦，反而觉得身心灵化，似有仙像。断食期间，他多以写字打发时间，各种书体都写，笔力丝毫不减，而心气比平时更灵敏和畅达，似有脱胎换骨般的感觉。于是，他根据老子“能婴儿乎”之意，决定此后称自己为李婴。

结束了断食，李叔同返回学校。见到夏丏尊，将断食之事告诉了他。夏丏尊很惊讶，李叔同又拿出了那些天写的断食日记，还有刻的两方印，分别是“一息尚存”和“不食人间烟火”。

他喜欢那空灵的境界，就必然要与烟火人间道别。茫茫人海，滚滚红尘，他已走了太久。也曾深情，也曾流连。可现在，他独爱禅院灯火。他终将抖落尘埃，去往山里。

有些花，不见蓓蕾却已在心里盛放；有些路，未曾修筑却已在心里经过。

放眼无限风景，看的未必是花明柳暗，或许只是风景背后的岁月无声。

几天后，李叔同返回上海。诚子偎在他身边，依旧是那样楚楚动人。这个女子，有许多话想对他说，却只能留在心里。他的神情很淡，已看不出悲喜。他说，聚散皆是缘，盛筵总有散场的时候。

她无言以对。他们，离得很近，却也很远。

他们只是彼此经过，足迹再深，也踏不出永远。

春节以后，李叔同离开了上海。临行，诚子问他何时回来，他淡淡地说，不会太久。说完，转身离开，把那个痴情女子，留给了回忆。这一年，他很少回去。他不想看她凄然的眼神，他更愿意去往山中，在佛音里淡忘从前。

事实上，回到杭州，他也没有立刻返校，而是再次去了定慧禅寺，在那里留了多日。在给刘质平的信中他说，将于数年之内入山为佛家弟子，此时已在陆续了断俗事。说得轻描淡写，就像是要去做一件寻常之事。但其实他很清楚，自己出家这件事，在许多人看来，必然是匪夷所思，甚至是惊天动地的。

大地沉沉落日眠，平墟漠漠晚烟残；
幽鸟不鸣暮色起，万籁俱寂丛林寒。
浩荡飘风起天杪，摇曳钟声出尘表；
緜緜灵响彻心弦，幻幻幽思凝冥杳。
众生病苦谁持扶？尘网颠倒泥涂污，
惟神愍恤敷大德，拯吾罪恶成正觉；
誓心稽首永皈依，瞑瞑入定陈虔祈。
倏忽光明烛太虚，云端彷佛天门破；
庄严七宝迷氤氲，瑶华翠羽垂缤纷。
浴灵光兮朝圣真，拜手承神恩！
仰天衢兮瞻慈云，忽现忽若隐。
钟声沈暮天，神恩永存在。
神之恩，大无外！

夜静山空，独看万家灯火。众生仍在迷惘，他无比清醒。

在与世事痴缠的那些年，他明白了，痴情近乎无情，圆满恰似空寂。

1917 年秋，李叔同再次入定慧禅寺，遇见法轮禅师讲经，他在座下静听，颇有感悟。此后，他虽然还时常走在学校，但是书桌上却摆上了佛家的经书，并且开始吃素。之所以还没有落发为僧，只是因为刘质平还在日本留学。虽然心已渐渐空明，但他要坚持授课，以完成对弟子的资助。其实，他是个可爱的人。

那个冬天，李叔同没有回上海，又去了定慧禅寺。这时候，他入佛的心灵，逐渐深入堂奥，已是欲罢不能。在那里，李叔同遇见了好友马一浮。在南洋公学时，他们就相识，只不过那时候无甚交情。直到李叔同到杭州教书，两人的交往才多了起来。

马一浮对佛学很有兴趣，他有这样的诗句：人命危浅，真如早露，生年欢爱，无几时也，一旦溘逝，皆成泡影。不过，他虽然学佛，却不曾出家。倒是他的好友彭逊之，在定慧禅寺待了若干时日，突然就决定削发为僧。法轮禅师为他剃度，李叔同亲眼目睹，愈加向往佛门。但他，还有俗事在身。

数月后，刘质平回国，他终于了无牵挂，踏出了红尘。

烟火人间，他不是归人，只是个过客。

遁入空门

韶光太好，怎么走过都是辜负；岁月太长，怎么泅渡都是惘然。

这世上，繁华与萧瑟，美丽与哀愁，对照着浮沉悲喜。每个人都是修行者，在走走停停之间，寻找或者遗忘自己。可以说，所有远方，都是归途；也可以说，所有归途，都是远方。万丈红尘，茫茫人海，是来处，也是异乡。

有人流连花月，就有人寄身云水；有人沽酒闹市，就有人独钓江雪。深山古刹，暮鼓晨钟，看似寂寥，却总有人安坐其间。远远望去，李叔同就在那里，手捧经卷，不悲亦不喜。他性情淡泊，似乎本就是那个模样。

已经是 1918 年了。这年正月十五，了悟禅师来到定慧禅寺，甚觉有缘，就收李叔同为在家弟子，皈依三宝，赐予法号演音，字弘一。

佛教三宝含义甚广，简要说就是佛、法、僧。佛宝，如大觉悟者释迦牟尼佛，或如药师佛、阿弥陀佛等已成就圆满佛道的诸佛；法宝，佛住世时所说之法，以及佛灭度后，诸菩萨依据佛意所诵之法，即现今流传之大小乘经、律、论三藏；僧宝，佛行佛法的僧团，上至释迦牟尼住世时，代佛弘法的菩萨、声闻诸圣贤众们，下至释迦牟尼灭度后，传授佛法的出家人，他们剃发受戒，有智识，有威仪。《大乘义章》云，依佛为师，凭法为药，依僧为友。此三种最终归处能令众生出离生死，而至涅槃。

惝恍流离的尘世，注定要失去那个旷世才子。

佛门净土，将会多个潜心向佛之人。

皈依了悟禅师以后，仅仅几个月时间，他就觉得世间所见，山水草木，聚散离合，尽是生命的牵绊。只需放下，便可得身心自在。此时，为了不阻碍他修行，刘质平提前回到了国内。天津那个家，不可能成为他修行的阻碍。他知道，李家虽已败落，但有兄长李文熙在，俞氏和两个儿子，还是会被照顾周全。

仔细想想，心中挂念的，只有诚子了。这个痴情女子，将整个人整颗心都系在了他身上。他能想象，在他离开后，她会是怎样的悲伤和绝望。尘世间，他最难放下的，便是这女子。但也没办法，业缘如此，他纵有愧意，也只能决然而去。

诚子，只想与所爱之人，过清淡如水的日子，却还是失望了。夏天，李叔同回到上海，却只是为了与她道别。灯下对坐，竟是话语寥寥。心知留他不住，诚子反而显得淡然，至少表面上是如此。他说已决定出家，她点头默许。不纠缠，但是心在滴血。

尘缘如梦，纵是执着相守，也终会物是人非。

最怕情深缘浅，相遇时花开如锦，结局却是人走茶凉。

李叔同走了。诚子的悲伤落地无声。她知道，李叔同并非无情之人。但他，绝对是个特立独行的人，走的永远是通向自我的路。后来，她懂了，那就是他的人生。她能做的，就是带着回忆的暖，开始没有他的日子。她感谢，他曾经从她的全世界路过。红尘清浅，所有遇见，都应该是谢谢的关系。

这年 7 月，诚子收到了李叔同的信，里面有他聊作纪念的一绺头发。当然，他还为她准备了一笔钱，作为她归国和短期生活之用。他走得决绝，却还是给了她最后的温暖。

在那封信中，李叔同这样写道：“对你来说，硬要接受失去至爱之人的痛苦和绝望，这样的心情我了解。但你是不平凡的，请吞下这苦酒，坚强度日。我想，你的体内住着的并非庸俗和怯懦的灵魂。愿佛力加持，能助你度过这段难捱的日子。”

“做这样的决定，非我寡情薄义，为了那更永远、更艰难的佛道历程，我必须放下一切。我放下了你，也放下了在世间累积的声名与财富。这些都是过眼云烟，不值得留恋的。人生短暂数十载，大限总是要来，如今不过是将它提前罢了，我们是早晚要分别的，愿你能看破。在佛前，我祈祷佛光加持你。望你珍重，念佛的洪名。”

拿着信，诚子泪眼模糊。

他走了，她无力挽留，只能默默接受他转身而去的现实。就如作家秋微所言，对生命而言，接纳才是最好的温柔，不论是接纳一个人的出现，还是接纳一个人的从此不见。

暑假来临前，李叔同将所有家当分送给了友人和同事。画作整理好送给了北平国立美术专科学校；九十三枚印章，赠予西泠印社；笔砚碑帖，送给金石书画家周承德；折扇和上课时必不可少的那块金表，给了夏丏尊；画谱和画的理论作品，全部给了丰子恺；乐理和曲谱等物，都给了刘质平。于他，那些都是身外之物。

人们最后劝他三思，他微笑不语。眼前的花花世界，他已不再留恋。

应该说，当时的李叔同，正处于生命的辉煌时期。因为博学和人格魅力，李叔同令师生们敬仰有加。在各个艺术领域，诗词歌赋、音乐美术、金石书法，都达到了当时的最高境界。同时，还有个温婉可人的小女子，可以伴他安度余生。按理说，他应该感到满足。

然而，李叔同处事，总是不落俗套。

万千人走过的路，他不屑去走；万千人看过的风景，他懒得去看。他喜欢和沉醉的，是独自的天空海阔。

那里，可以阒无人迹，可以了无声响。

只需孤灯，照着寂静无语。

他是个不拘尘俗的人，向来漠视世俗观念下的人际关系准则。在人们眼中，他有时候不近人情。

与人相约见面，人家耽搁了几分钟，他就打消了见面的念头，让人家吃了闭门羹。晚上有人送来电报，他只是让对方将电报搁在信箱里。他的说法是：已经睡了，无论怎样紧急的事情，总归要天明以后办了。

许多事情，在别人那里已是水深火热，在他看来却是云淡风轻。这样的事情，或许于他出家没有直接关系，但是至少可以说明，世俗认可的思维和行为，在李叔同身上，往往是不灵的，这大概就为他遁出人海埋下了伏笔。

看透所有风景，世间便再无风景可看。于是，世间万物，就会渐渐失去吸引力。

没了光怪陆离，没了繁华逐眼，只剩下倾城的日光，照着无边的尘埃。天涯的笛声，也不再断肠。是该远离尘嚣了吧，他默想着，许多念头，许多纠葛，尽数抖落。突然间，他仿佛独自站在大地上，前尘往事尽如云烟。

终于，他真的走了。或者说，他归了寂静。1918 年 7 月，李叔同在杭州定慧禅寺了悟禅师座下剃度出家，又于灵隐寺慧明法师座下受比丘戒。

从此以后，世间再无李叔同。人们见到的他，是弘一法师。流年风景，乱世情缘，已不在他眼中。

远在天津的俞氏得知消息后带着两个孩子赶到杭州，想劝李叔同回心转意，然而，面对青灯古佛，他的俗心早已不知去向。实际上，就连他倾心爱过的诚子，他也只是托朋友送她归国。他并非无情，只是，看破世事以后，聚散都看得很淡，如此而已。

在他身后，纷扰仍在，各种误解与指摘此起彼伏，他已听不见。远离红尘闹市，他只剩云水禅心。向佛，他是极其真诚的。就像丰子恺所言，红尘浪里他是极认真的，孤峰顶上他也是极认真的。

雨天的午后，西湖白堤南岸飘来一叶小舟。在小舟停泊的埠头边，僧人与女子诀别。他是弘一，她是诚子，四目相对，静默无语。风雨中，飘来远处寺庙依稀的钟声。她强忍泪水问他，什么是爱，他轻描淡写地回应，爱就是慈悲。

临别，他调转船头向湖岸划去，在她眼中渐行渐远。她突然伤心地责问："先生，你慈悲对世人，为何独独伤我？"没有回应。伤心欲绝的诚子，只能目送他远去，直至他来过的湖面又只剩湖水。

她曾是他的爱人，也是他的妻子，却是他留在尘缘里爱的绝笔。

咫尺天涯，是他与整个世界的距离。

第五卷：云水苦行僧

千载风流，万年寂寞，不如拈花一笑。

来自何方，去向何处，一问便是迷惘。

佛即是心心即佛

万千寻寻觅觅，总有人冷落低回。

这世间，我们只是浪迹浮萍，匆匆来去，满眼的沧海桑田。尘缘如纸，出走或者回归，都不过是在其上潦草着墨。往往是这样，万水千山走遍，不如刹那灯火阑珊。

蓦然间，看到许多日子，有诗有酒，有琴有画。自然地，还有红颜宛若清扬。他从那里出发，那是他的从前。那时候，他叫李叔同。恍惚间，他还是津门少爷，快马轻裘，风流潇洒。烟月之下，多情的女子笑靥如花。挥手作别，他有了他的远方。

草堂春深，西楼月满。南方的天空下，有他盛放的年华。纵情繁华里，杯酒慰风尘，结局却是，知交零落，烟花易冷。域外漂泊，笔下尽是美人窈窕。后来的后来，他摆渡别人，亦被时光摆渡。

深山古刹，是他归去的地方。

三千繁华，尽数抛下。他走得不声不响。

现在，他是佛门的弘一。李叔同三字，只是人们的念想。

杭州风月依旧，西湖明媚如初。灵隐寺、定慧禅寺、玉泉寺、白云庵，拥着西湖的冬夏春秋，深情不减。湖心亭有人把酒，苏堤上有人说着晓风残月。碧水青山之间，隐约的晨钟暮鼓，是西子湖的烟火之禅。

对于突然入了空门的李叔同，林语堂曾如此说，“他是个传奇，他是那样扑朔迷离，又是那样深邃莫测。他是我们时代里最有才华的几位天才之一，也是最奇特的一个人，最遗世而独立的一个人。他曾经属于我们的时代，却终于抛弃了这个时代，跳到红尘之外去了。他的浪漫才情使他即便出世，也选择在了杭州这个风花雪月、侠骨柔情的地方。”

湖山此地，风月斯人。在许多人心中，杭州就是这个模样。堤岸的杨柳下，湖心的扁舟上，都有过李叔同的身影。烟雨江南，平湖风月，都曾在他笔下翩然。可现在，他去了山里。

出家前不久，与夏丏尊、姜丹书等几个知交对坐。当时，大家都知道李叔同出家之意已决，想到相契七年，不久就要分别，难免有些伤感。姜丹书问他出家何为，李叔同的回答是，无所为。空门自然是求空，他答得淡然。

1918 年 9 月，弘一辞别了悟禅师，只身来到灵隐寺。他要在那里受比丘戒。戒律的定义，是制心守身的规范。沉心静虑，纯化气质，才能产生智慧。追求佛道最重要的前提就是戒。它在日常生活中，使每个献身于佛道的人，从衣食住行等方面，化除掉以轻心的积习，使那些乐于严格自我陶炼的人们，由形式的戒律，规正那颗瞬息万变的心。不能严持戒律，便谈不上大智大慧。佛灭度后，以戒为师，这是千古不变的真理。

三国曹魏嘉平二年，中印度僧人昙摩迦罗来到中国，见僧人威仪不整，因只有剃度之形式，却没有修习戒规之行动，于是，昙摩迦罗尊者在洛阳译出一卷《僧祇戒心》和《四分羯磨》，并联同印度僧人们在法云寺传羯磨戒，自此，凡披剃出家者，必登坛受戒，方为正始。

为弘一授比丘戒的是慧明法师。在灵隐寺，弘一最初住在客堂后面云香阁的楼上。两人在课堂不期而遇，按照客堂规矩，弘一对法号和住处据实相告。慧明法师突然沉下脸，问他既然来受戒，为何不住在戒堂。然后又说，不管从前是何种身份，贩夫走卒也好，皇亲贵胄也好，在此处都是平等的。

原来，弘一之所以住在云香阁，是因为介绍他前来灵隐寺受戒的，是他在南洋公学的同学，彼时已是水利局局长的林同庄。慧明法师是真正的高僧，经历和作风都与六祖慧能很相似。他常常手持粪瓢在菜园施肥，讲经时也很随性，不参考疏钞，喜欢谈公案。他早已听闻弘一出家前之才名，初见便当头棒喝，显然是为了点化他。

遁入空门，不仅仅是断绝前尘。而是与过去的自己，彻底作别。

诗情画意，快意风流，都成了身后的风景。

僧衣芒鞋的他，行囊空空如也。

弘一在灵隐寺住了三十天，感受着戒律的森严，为自己走上正途而欣喜。佛家戒律，每条都有分寸，都有严格的规定，它不是柔性的佛教宪法，只表出原则性的义务与权利。它是刚性的，不可曲解的，错了分毫，便是犯戒。因为戒律森严，许多人走入空门，却因无法谨遵而不得不重返红尘。

受了比丘戒，弘一开始了他苦行僧的道路。就如丰子恺所言，他是个极认真的人，二百五十条戒律都铭记于心，并且严格遵守。僧人过午不食，他也严格照做。

在灵隐寺期间，马一浮来访晤他，还为他带来了两部戒律方面的著作，分别是明代蕅益大师的《灵峰毗尼事义集要》和清初见月律师的《宝华传戒正范》。南宋后，禅宗益盛，律学却渐渐无人问津，时间久了，所有唐宋诸家的律学著作数千卷散失殆尽；至清初，仅存一卷《随机羯磨》。明末时，蕅益大师著《灵峰毗尼事义集要》，初讲时听者无几，成果甚微。见月律师所著《宝华传戒正范》，成了自明代以后，唯一的传戒之书。

之前，弘一读过蕅益大师的《梵网合注》和《灵峰宗论》，深知戒律是佛法之命脉，僧团修行之基准。那时候，他就曾动过修习律学的念头。此次与马一浮会面，读了两部著作，与现实相印证，悲心更动，从此立誓学戒宏律。

10 月，戒期圆满，弘一离开灵隐寺，重新回到定慧禅寺。他为不久前去世的夏丏尊的父亲念了一天《地藏菩萨本愿经》，又写了一节《地藏经》，赠与夏丏尊诵念。不久后，应嘉兴佛学会范古农居士之邀，前往嘉兴精严寺。精严寺藏经阁内，经典砌筑，书海浩瀚。为了阅读藏经，弘一到嘉兴佛学会挂单。两个月时间，除了偶尔与范古农有事商讨，他都在藏经阁里翻阅经卷。

那段时间，跋涉在经卷里，他突然觉得，从前钟情的许多事情，比如诗词歌赋，比如金石绘画，皆是俗事。倒是书法，既可以宏善知识，又可以结交善缘。恰好此时有人来求字，他便写了一幅佛偈相赠：

佛即是心心即佛
人能宏道道宏人

大概是因为，书法这东西，横竖撇捺，虚实轻重，与禅意很是相合，所以弘一放下了许多技艺，独留书法。那两个月，他写了百余幅佛偈，赠与有缘之人。精严寺的常住，云水僧，范古农居士，以及佛学会的会友们，都如愿以偿，得到了他的墨宝。

某天，许幻园突然到访。曾经的知交好友，如今隔了一道门槛。

往事沉默，世相迷离。说起来，有人泫然，有人淡然。

许多从前，有花香亦有墨香，有酒意亦有诗意。他已不愿提起。

那个叫红尘的地方，再次走过时，他是个云水僧。

冬天，弘一回到杭州。飞雪的日子，他进了青芝坞，挂锡玉泉寺。挂锡二字，由来是这样：昔云水僧行脚时必携带锡杖，若入丛林，得允许安居时，则挂锡杖于壁上之钩，以表示止住寺内。挂锡一语，现特指禅僧至修行道场之住宿。祖庭事苑卷八载，西域比丘，行必持锡，有二十五威仪，凡至室中，不得着地，必挂于壁牙上。于是，有了挂锡之说。

除夕前，杨白民到访。他发现，弘一每天基本都在读经，大概是觉得，出家人生死事大，不敢放逸安居，所以房间连炉子都不生。弘一写了一篇格言，赠与老友：

古人以除夕当死日。盖一岁尽处，犹一生尽处。昔黄檗禅师云："豫先若不打彻，尾月三旬日到来，管取你脚忙手乱。"然则正月月朔便理睬大年节事不为早；初识人事时便剖析死日事不为早。哪堪荏荏苒苒，悠婉转扬，不觉少而壮，壮而老，老而死；何况更有不迭壮且老者，岂不重可哀哉？故须将元旦无常，时时鉴戒，自誓自要，不可仍旧蹉跎去也。

题记是这样写的：余与白民相交二十年，今我弃俗出家，白民依旧埋首浊世。岁在暮尾，白民来杭州玉泉寺相聚，写上幅古人语，与之共勉。署名如此：戊午除夕，雪窗，大慈演音。

他们话语寥寥，前尘往事已在佛经里渐渐隐去了痕迹。剩下的，只有空灵和安谧。杨白民说，诚子已经回到日本，上海的房子已转给他人。弘一点头说，如此甚好。表情和话语都无比平淡，像是在听别人的事。

不知不觉，红尘旧梦散落成了满地的寂静。

明月如旧，照着柳下寻常人家。

结夏安居

尽日寻春不见春，芒鞋踏遍陇头云。

归来笑拈梅花嗅，春在枝头已十分。

无尽藏尼的诗，读来颇有味道。寻遍光阴，春在自家。所谓禅意，未必在远方，一草一木，一山一水，皆有禅意；风吹云动，落雪无声，亦是禅意。

仔细想想，红尘俗世，也需要这样的禅意。繁华之中，喧嚷未央，纷扰不止，人往往想要逃离。可是，想着去向远处，坐卧云水之间，却又跳不出樊笼。其实，心若安恬，云水便在心里。流水断桥芳草，淡云微雨养花，若能洗去尘埃，处处皆是月白风清。真正的平静，不是远离喧嚣，而是在心里修篱种菊。

现在，弘一潜居玉泉寺，遍读南山遗学，身虽未动，心已千里。玉泉寺的长老印心和宝善，特地将午斋提到上午十一点来，以便让这位出家不足半年的比丘，维持他严净的戒行。同时，午斋过后，好让他小憩片刻，然后继续埋头苦修。他是极有慧根的，潜心于佛学，了悟之快，让许多同行之人望尘莫及。

大概是因为，曾经诗情画意的李叔同，突然间成了吃斋念佛的弘一，算是奇事一桩，许多新知故交，或带着好奇，或带着钦慕，前来佛寺看他。他倒也不介意，人来人往，只如云卷云舒，他的心始终是安详的。

这次，来的是袁希濂，天涯五友之一。相识二十年，但是那些年知交零落，他们见面不过两三次而已。如今，已做了法官的袁希濂，由杭州调任武昌，终于得空与故友重逢。1919 年 3 月，袁希濂来到玉泉寺，看到了静坐于佛前的弘一。没有翩翩风度，没有飞扬快意，那瘦削的身影，身披袈裟，芒鞋赤脚，只有心如止水的寂静。

故友相逢，所说无非是旧事。说起不久前来过的许幻园，说起城南草堂当日的风雅，袁希濂难免惆怅。弘一望着袁希濂，静静地说，他前生也是个和尚，并且劝他此后朝夕念佛，以求证得善果。最后，弘一向袁希濂推荐了印光法师在扬州刻印的《安士全书》。这是清朝人周梦颜的佛学著作，弘一希望老友能静心拜读。

袁希濂有些不以为然，他从未动过学佛之念。不过，那本书此后倒是常常萦绕在他心头。八年以后，袁希濂在丹阳任职时，机缘巧合下得到了《安士全书》，读后颇有如沐春风之感，便有了向佛之心。后来，他遇见印光法师，皈依了佛门。

在玉泉寺，弘一所修习的，是律宗和净土宗两锋并入的功夫。他以持律的功夫，作为专治时代病的清凉剂。同时，他以念佛的功夫，作为明心见性的基础。尽管，自古以来，禅净双修、禅密双修、净密双修，此类僧人并不少见，甚至还有禅净密三修者，但他始终深信，念佛与一切法门别无二致，能深入此门，已经足够。

禅房之内，他每天除了研律，便是写经和念佛。

心中有莲，花开见佛。他终会了然于心。

在净土宗的高僧中，弘一最仰慕以下三位：第八代祖莲池法师、第九代祖蕅益法师，以及第十三代祖印光法师。前两位已故去数百年，在世的只有在普陀法雨寺修行的印光法师。弘一希望能入印光法师门下，后来写信表明心意，却被婉拒了。

这年冬天，弘一在玉泉寺燃臂香，依天亲菩萨《发菩萨心论》发十大正愿，乞三宝慈力加被，表示决心修行净业。他再次给印光法师去信，表示决心，结果是，愿望再次落空。不过此后，弘一多次向印光法师写信请教，后者都给予悉心指导。

1919 年夏天，弘一离开玉泉寺，回到了定慧禅寺。每年旧历的四月十五日至七月十五日，是结夏安居的日子。在此期间，僧人停止云游，留在僧籍所在的禅寺里安居静修，此为结夏期。唐曹松《送僧入蜀过夏》诗云："师言结夏入巴峰，云水回头几万重。"；宋范成大《偃月泉》诗云："我欲今年来结夏，莫扃岫幌掩云关。"

安居的首日，称为结夏，圆满结束之日称为解夏，又叫僧自恣日。而由于僧众精进修行，十方诸佛心生欢喜，所以七月十五这天还被称为佛欢喜日。佛陀所有系统的说法，大都在夏安居的时候，集合各方弟子于一处，讲述修行法门及宇宙人生的真理。后来大乘经典的结集，大都是佛陀结夏安居时所说的言教。

佛陀在世之初，并没有夏安居。全年内僧人只要觉得时机合适就外出化度和讲法。如果发现某个地方安静，便去那里修习禅定。而在大多数情况下，僧众都得长途行脚。这些地方远离都市，处于边远的农村、山区或沙漠。

印度雨季长达三个月，僧众往往在大水里漂失佛陀规定要携带的法衣、僧钵、卧具、针筒等物。而且，僧人还常常误踩新出的稻苗，使农民很痛心。于是就有居士见而诽谤："沙门释子不羞愧，一年到头行走却不看季节气候，漂失衣具，踏杀生草。外道尚且有三月安居，连虫鸟也有巢窟安住，沙门释子为何这样做？"

僧众听了很惭愧，其中乐持比丘，以此请示佛给个办法。佛陀教诫："雨季时连鸟都不出巢。为什么僧人不可以聚居修行？"为了扭转这个局面，佛陀治制僧人雨季须结夏安居。规定在此期间，僧人不得外出化度和讲法，要聚居精进修行。

这段日子格外清静。佛火经卷之间，弘一安坐着，静穆而庄严。出家未久，已经俨然大师模样。结夏期间，夏丏尊来过定慧禅寺数次。

因为弘一的坚定修行，他颇有感触，也曾学着读经念佛，甚至还尝试素食，对佛学 产生了浓厚的兴趣。不过，他最终也没有遁入空门。

繁华梦长，不是说醒就能醒；陌上花好，不是说放就能放。

古刹深山，轻云淡月，看似清幽，却不是谁都能消受其背后的孤寂。

夏丏尊每次来，他们总是闲谈数语，便开始无语对坐。直到夕阳西下之时，夏丏尊自行离去，弘一依旧静坐念佛，就像无人来过。定慧禅寺的人与夏丏尊也渐渐熟了，见他来此，都默不作声，打坐的打坐，诵经的诵经。这天，夏丏尊又来禅寺，弘一送他几幅字，都是从《大佛顶首楞严经》里摘出的文字。

善哉阿难。汝等当知，一切众生，从无始来，生死相续，皆由不知常住真心，性净明体；用诸妄想，此想不真。故有轮转。汝今欲研无上菩提，真发明性，应当直心酬我所问。十方如来，同一道故，出离生死，皆以直心，心言直故。如是乃至终始地位，中间永无诸委曲相。

弘一的字冲淡朴野，温婉清拔，有着超凡的宁静和云鹤般的淡远，夏丏尊极是喜欢。他再次离开定慧禅寺，弘一回到佛堂，心想着，他应是与佛有缘的。可惜，几分执迷，让那个文人始终停留于尘网。

结夏期结束前某天，风轻云淡的日子，寺里一只病了数日的小黄犬即将归西。弘一走到它身旁，看它不舍的眼神，顿生慈悲之心。

他知道，临终助念极为重要。为了让它安然离世，入往生之道，弘一请来七位高僧，念《往生咒》为之超度。念毕，小黄犬终于平静地合上了眼。弘一抱起他，在高僧们的陪同下，将它葬于青山之下。禅院钟声响彻山间，说着万物有灵。

九十天的结夏期结束后，弘一再次来到灵隐寺。遍历西湖各寺，无非是想体验佛家大门内的遗风，同时遍参佛门长老，博审群经。初秋的西湖，潋滟的水光里，倒影着匆忙的人影，也倒影着世事无常。

没过多久，就有朋友造访，是国学大师胡朴安。胡朴安名仲明，安徽泾县人，著有《中国文学学史》《易经学》《诗经学》《中国训诂学史》等著作六十余种。胡朴安与弘一，曾经同为南社社友，还曾共同编辑过《太平洋报》。胡朴安对弘一的性情有较深的了解，他曾说：常觉其言论有飘飘出尘之致。

后来，对于弘一大师的研究律学，胡朴安的评价是："文人学子学佛者，多学禅宗，或学相宗，近世多学密宗，大师独精严戒律，此所以德高而行严也。近十余年，未见大师之面，而大师之德愈高，而行愈严，为海内外学佛者所钦仰。"这次见面，两个人寒暄之后，胡朴安赠诗一首：

我从湖上来，入山意更适。日淡云峰白，霜青枫林赤。
殿角出树梢，钟声云外寂。清溪穿小桥，枯藤走绝壁。
奇峰天飞来，幽洞窈百尺。中有不死僧，端坐破愁寂。

层楼耸青冥，列窗挹朝夕。古佛金为身，老树柯成石。
云气藏栋梁，风声动松柏。弘一精佛理，禅房欣良觌。
岂知菩提身，本是文章伯。静中忽然悟，逃世入幽僻。
为我说禅宗，天花落几席。坐久松风寒，楼外山沉碧。

胡朴安并非佛门中人，却描绘了弘一大师的僧侣生活。文句虽雅，却不无吹嘘之意，弘一对此诗的部分句子不以为然。他对胡朴安说："学佛不仅精佛理而已，又我非禅宗，并未为君说禅宗，君诗不应诳语。"胡朴安为此只好承认自己囿于文人习惯，却不知犯了佛教诳语之戒。最后，弘一书"慈悲喜舍"四字作为答复。

二十年后，胡朴安患重病，半身偏瘫。想起那段杭州往事，从此潜心向佛。彼时，他 想要得到弘一大师点拨，却未能如愿。1942年，弘一大师圆寂。获此消息，胡朴安悲痛难当。他写诗以颂，诗中有这样的句子：凡夫迷本来，生死一大事；知者顿然悟，去来原一致。生死来去，终于是明白了。

落雪如禅

佛说，心有所住，即为非住。应无所住，而生其心。

佛说，诸行无常，一切皆苦。诸法无我，寂灭为乐。

那么，佛在何处？月色下，有纤尘的地方，住着悲欢离合；烟雨中，有落花的地方，写满缘生缘灭。烟火尘世，尘埃里的花开，风雨中的静默，都有佛的痕迹。路边闲花含笑低眉，你若为之驻足，也便是见了佛。众生皆是佛，只是很多时候，迷途不知返。

身在佛门，弘一是无比虔诚的。写经念佛，从没有丝毫懈怠。他的身体并不好，每个冬天都要经历严峻的考验。所幸，他的信念足够坚强。念着佛，听着禅，就有了精神上的花开春暖。在他的感召下，老友程中和居士也削发为僧了，法名演义，字弘伞，成了弘一的同门师弟。

1920年3月，亡母忌辰，东方既白，弘一便起来盥洗，然后拜佛，诵《无常经》。早课之后，又抄写《无常经》全文。这天，他不语亦不笑，只是独自念诵经文。十五年前，母亲病故，情景历历在目。倘若母亲在世，看他遁入空门，定然不会欢喜。这样的心思转瞬即逝，他只知道，他需要那红尘净土，来安放余生。

已是春天，草绿花红。那个叫红尘的地方，有人已经苏醒，有人仍在沉睡。

春波碧草，杨柳堆烟，只是少数人的风景。

弘一决定找个地方，安静地思考，安静地深究律学。不久之前，曾经的门生楼宾秋来访，告诉弘一，富春江畔的贝山，青峰崔嵬，流水潺潺，水边的小径仿佛漂浮在空中，旁边还有棋石，据说是仙人对弈之地。那里可以辟地筑室，作为掩关之用，于是，弘一决定去那里。

7月，弘一赴贝山。弘伞陪同前往，他愿为弘一护关。掩关修行，若有人护关，可以互相鞭策，不致懈怠。同时，有些事情闭关者不便去做，可由护关者代替。

临行前，马一浮、夏丏尊等人在银洞桥虎跑寺下院为他送行，马一浮写诗相赠。诗题为《弘一上座将掩室新登北山夐绝处，以此赠别，且申赞喜》：

消息应闻木马嘶，住山锹子任轻携。
了无一物呈高座，不见当前有阇黎。
何必度河兼过岭，是谁曳耙与牵犁？
他年放出关中主，始信东方月落西。

弘一大师写信向印光法师请求闭关前的训言，印祖告诉他："闭关用功，关键在于心要专一。未得一心之前，不能急着求感应，否则就是修道的第一大障碍。念佛得一心后，自然会有感应，并没有起心动念，心却如明镜当台，映照出森罗万象。"

到贝山后，最初他们只能住在别人家里。掩关之事，皆已准备就绪，只等筑室早已完成。没想到，即将完工的时候，筑室因山洪尽毁。弘伞有些沮丧，弘一劝慰说，大千世界，亦真亦幻；来去得失，皆是缘分。

秋天，富春江畔的天气渐渐转凉，弘一的咳疾又复发。为此，中秋以后，弘一与弘伞离开贝山，挂锡灵济寺。不久，又移居衢州莲花寺。在那里，弘一除了日常的研修，便是孜孜不倦地写几十卷《阿含经》，写好后，将其分册装辑起来。从秋天到冬天，他基本都在写经，最后写完了《印光大师文钞》的叙言和题词。

那段时间，曾经的南社成员、吴江人尤墨君，彼时在衢州当中学教师，常向弘一寻习字妙方。此君有意将弘一在俗时的诗词编辑成册，拟书名《霜影集》。然而，在选择诗词时，弘一不断删减，最后发现，能入选的寥寥无几。此事只好作罢。

就像人生，走着走着，风景已不见，只剩道路。

曾经沉醉其中的东西，多年后忆起，总觉得苍白。

经过山高水长，终于发现，一个人的浮世清欢，最有味道。

1921 年初春，弘一又回到了玉泉寺。在那里，他开始起草《四分律比丘戒相表记》。在此期间，他见到了唐代义净三藏法师所译的《有部律》，这是来自萨婆多部律学中的一部戒律，产生年代晚于《四分律》和《十诵律》，故称有部新律。同时，他还读到了义净法师撰写的《南海寄归内传法》。

受此影响，弘一认为有部新律是律学入门的便捷之路，从此专门研习，甚至在撰写《四分律比丘戒相表记》之初，以义净法师的论点，为南山律做注疏。在天津专刻南山律书的徐蔚如居士知情后，认为此法欠妥，专门写信给弘一，劝他重兴南山律。

这个春天，即将赴日游历的丰子恺来到玉泉寺，与老师道别。一灯如豆，从前儒雅肃穆的老师，如今在自己的学生面前，只有与世无争的静默。弘一告诉丰子恺，脚下有路，手中有笔，所到之处皆是风景，只是莫忘了带上澄澈的自己。

4 月，林同庄来访。他告诉弘一，温州气候温和，山水相依，是个修行的好去处。同时，又因为那里有吴璧华、周孟由两位居士盛情相邀，于是弘一决定前往。这次，同行之人除了弘伞法师，还有个少年。因觉得颇有佛缘，弘一为少年剃度，取法名宽愿。这位少年，是弘一唯一正式的佛家弟子。

经过上海，他们做了短暂停留。刘海粟来访，与弘一清谈许久。后来，刘海粟求字，弘一给他写了“南无阿弥陀佛”六个大字。于他，此六字在心，日日思量，心无旁骛，便是学佛的最佳途径。只是不知，刘海粟是否能体会此中深意。

不久后，弘一等三人乘船到温州，挂锡于城南庆福寺。庆福寺，俗称城下寮。这座古寺清规谨严，以专修念佛法门而得名。此寺虽然院舍破旧，坦毗邻景色秀丽的积谷山，且又僻处城外，闹中取静，弘一钟爱此地，遂以重振南山律为已任，继续编撰《四分律比丘戒相表记》。

只是，消息传开后，求见者纷至沓来，宜绅尤甚。为了远离纷扰，弘一特撰《谢客启》，与同寮僧众约法三章：“一、凡有旧友新识采访者，暂缓接见；二、凡以写字作文等事相属者，暂缓动笔；三、凡以介绍请托诸事相属者，暂缓承应。惟希同人共相体察，失礼之罪，希鉴谅焉。”

同时，他还在潜修处窗口贴了“虽存犹殁”四字，以示来访者。瓯海道尹林鹍翔访谒数次，均未成愿。后温州道尹张宗祥只身持名片求谒，均称病谢绝。闭关三个月，弘一完成了《四分律比丘戒相表记》初稿。夏天过后，他仍在写经与念佛中度过。

并非打发时光，而是与自己，与大千世界，面对面。

所见皆空，所闻皆寂。于是，四季轮回，也了无声息。

转眼已是寒冬，他的日子依旧简静。在温州，弘一过的是苦行僧的生活。他在给刘质平的信中说：“朽人居瓯（初时），饭食之资，悉承周群铮居士布施，其它杂用等，每月约一、二元，多至三元。出家人费用无多……”

学者吴鹭山生前曾说，有一次他在周孟由陪同下，得到弘一的破例接见，当时弘一身穿青色僧衣，神清骨秀。谈话时，总是正襟危坐，一问一答，了无多言。时值早春，人们都还穿着棉袍，而他赤足芒鞋，衣着单薄；僧房内仅一张破桌，一张旧床，一条草席和一领旧蚊帐，别无他物。过了十多天后，弘一把亲笔书写印制的《华严集联三百首》，托周孟由赠给吴鹭山，表示谢访之意。

静水流深，性情越简单，内心越清和，也就越容易参透禅理。修佛亦如品茶，将一杯苦茶喝到无味，这就是禅的境界。冬天，飘着雪，时光澄澈，弘一在古刹里静坐。不见过往，不见将来。茫茫天地，落雪如禅。

行处皆有莲欢

草青人远，一流冷涧。

他始终走在路上。尘世飘渺，岁月萧条，他却走得不徐不疾。于他，流浪亦是停泊，出走亦是归去。带着慈悲上路，行处皆有莲欢；世事总有因果，帆过毕竟无痕。

居温州期间，寂山长老念其出身豪富之家，具足智慧；出家后又能严持戒律，素菜淡饭，刻苦精修，故倍加钦敬，处处关照，让他安心研究戒律。因为弘一过午不食，寂山长老便关照将全寺的午餐，提前到上午十点钟。

对于寂山的关怀，弘一感念于心。依照佛家律学，云水僧在某个寺院住下来，要拜寺里的负责人为依止师父。依止，即依存而止住之意；或以某事物为所依而止住或执着，谓依赖于有力、有德者之处而不离。作为学律僧人，弘一清楚该如何做。

某日，在寂山长老的方丈室里，闲谈之际，弘一突然说要拜寂山为师。寂山自知修为太浅，没有资格做弘一之师，便说："余德鲜薄，何敢为仁者师。您能驻锡于此，已使常住感觉福缘不浅了。"再三辞让。弘一说："吾以永嘉为第二故乡，庆福为第二常往，俾可安心办道，幸勿终弃。"

后来，弘一请来吴璧华、周孟由二居士，又来到寂山的关房，当着居士们的面，将毛毡郑重地铺在座上，请寂山入座，接受他的伏拜。寂山推辞不过，只得同意。拜师之日，大师特登报声明，自称弟子，终身以师礼事之。此后，只要说起寂山长老，弘一均以师父相称，寂山时常不安。

若干年前，庆福寺收留了一个孤儿，此时已长成了清秀少年。弘一初到庆福寺时，寂山长老派这个少年为他护关。没想到，少年颇有慧根，受弘一教化，便有了皈依之心。弘一见他心诚，又因为曾许过不再纳徒的誓约，便让他投在弘伞门下，法号因弘，字白伞，名字中含了两位法师的缘分。多年以后，寂山往生，因弘接过他的衣钵，成了庆福寺的住持。世事因果，就是如此。

1922 年春节，弘一写了幅字，赠给上海旧友杨白民，是南宋时庆福寺首座法常和尚圆寂时所写的《渔父词》，读来禅意连绵。

此事楞严常露布，梅华雪月交光处。
一笑寥寥空万古，风瓯语，迥然银汉横天宇。
蝶梦南华方栩栩，斑斑谁跨丰干虎。
而今忘却来时路，江山暮，天涯目送鸿飞去。

千年风流，万年寂寞，不如拈花一笑。
来自何方，去向何处，一问便是迷惘。
许多事，纵能震落百年飞雪，最终不过是渔樵笑谈。

这年初，弘一接到兄长文熙的信，说俞氏已于正月上旬病故，希望他能返津。然而，身在佛门，俗事已不挂怀，终究未往。俞氏无疑是可怜之人，带着青春而来，怀着悲凉而去，荒度余生的日子，滋味可想而知。

从前，他们很遥远。在他还是李叔同的时候，那女子在他心里，仿佛乡野田舍，里面住着他的两个儿子，还有她独自的惨淡时光。他的烟雨楼台，他的风情雅致，都不曾给过她。如今，他是弘一，她终于逃离了红尘，他们才似乎近了些。因为慈悲，对她的突然故去，他多少觉得凄凉。但这凄凉里也有欣慰，因为那女子，终于挣脱了命运的桎梏。

不久之后，弘一从学过密法的吴璧华授往生咒，然后为俞氏虔诚地念了几天往生咒以及《地藏菩萨本愿经》。此时，他得到消息，以前的学生，学佛不久的朱贤英，也于旧年岁尾病故于上海。朱贤英的旧日同学，为了纪念她，收集她生前书画，影印成册，请弘一作序。半年之前，弘一应杨白民之邀，去上海小住了几日，期间朱贤英前来探问佛法，他曾悉心指点。没想到，半年后竟是生死相隔。

所谓无常，就是在幸福与安详背后，总有悲伤与萧索在伺机而动。

佛法不能化解无常，但可以让学佛之人，在无常的世事里，淡看悲欢聚散。

事实上，这一年，弘一自己也经历了一场劫难。这年夏天温州气候反常，弘一患了痢疾，寻医问药皆无起色，身体日渐虚弱。他躺在床上，对前来探视的寂山长老说："朽人大病从死，小病从医，今是大病，从他死好。唯求师尊俟吾临终时，将房门局锁，请数师助念佛号，气断逾六时后，即以所卧被褥缠裹，送投江心，结水族缘。"

幸运的是，弘一以顺其自然的心态，战胜了病魔。病中的日子，他依旧在念佛。他心想，若定要离去，也要带着禅心，从容前往。对于死和无常，他看得很清楚。生死本是一线之隔，刹那灯灭，便是往生。

次年春，弘一结束了在庆福寺的掩关生活，离开温州，回到上海，驻锡在居士林，与无锡尤惜阴居士合撰《营造经像之功德》。这篇文章由他列出具体纲要，尤惜阴执笔，刊于商务印书馆印行的《印光大师文钞增广本》之卷四。在那里，遇到五年前南京高等师范校长江谦，谈起了佛学。弘一说："居士如悉心学佛，《灵峰宗论》不可不读。"

初夏时节，弘一回到杭州，驻锡于灵隐寺，将自己带在身边的庆福寺碗筷，托人送还给庆福寺。他决定在灵隐寺结夏安居，放下一切，悉心念佛三昧。在此期间，他为西泠印社写了一篇《阿弥陀经》。不久后，一幢弥陀经塔在西湖之畔建起，经塔上镌刻的是他那幅字。

夏日的西湖，依旧盈盈不语。山光水色，尽是情意。

行人步履匆匆，带着故事来，或者带着故事去。

所有匆忙的照面，都连着某种永远。

走在湖畔，弘一能望见自己从前的身影，但那身影渐渐湮灭于空蒙水色，终于成了此时此地的淡然。西子湖记得，他泛舟湖上笑谈风月的情景。可现在，他的手中，没有酒，也没有诗，有的只是竹杖，以及微风吹过时的空明。冯小青也好，苏小小也好，不管她们有过怎样的悲情人生，他都不会为之感伤。甚至，白居易与苏轼，他也只是记得他们造福于民的慈悲心肠。

结夏期满，弘一经绍兴来到衢州，挂锡于莲花寺，遍参那里大小禅院，随缘所到，不是为寺里整理经文，便是写经或者写字，与常住结缘。这个秋天，因为天气多变，弘一感染了寒热，拖了很久才痊愈。

冬天，弘一回到温州庆福寺。他从前有个心愿，便是以血代替水墨，抄写佛经，此时终于开始实施。对于此事，印光法师在给他的信中开示："不要急着抄经，当务之急，是一心念佛。刺血抄经耗费太多心血，令人心神衰弱，只怕反而成为精进念佛的障碍。俗话说，身安而后道隆。我们既是凡夫，就不要盲目效仿法身大士的苦行，只要念佛得一心，自然法法圆融。"

数月后，老友杨白民去世。弘一在温州收到杨白民之女杨雪玖的来信，知老友辞世，悲痛至极。出家以来，他从未有过这样的情绪起伏。他给杨雪玖的回信中称：

绕屋长吁，悲痛不已。二十年来老友，当以尊翁最为亲厚。今晨览《雁荡山图》，喜其雄奇崒拔，颇拟写其形势，邮奉尊翁，约往同游。不意是夕，竟获哀耗，痛哉！……自明日始，当力疾为尊翁诵经念佛；惟冀老友宿障消灭，往生人道天中，发菩提心，修持净行，当来往生极乐，早证菩提。

接着，弘一又写信给杨雪玖，嘱其为慈父早晚诵发愿文三遍，并为其拟定了念诵的文本："以此诵经持名功德，回向亡父杨白民居士。惟愿亡父业障消除，生人天上。觉心普发，净业勤修，往生西方，早成佛道。"杨雪玖当年亦就读于城东女学，后来成了一位水准颇高的国画家。

生命，坚强也柔软，可以睥睨风霜雨雪，但有时候，却经不起一抹秋风。

生而为人，既要懂得与生活握手言和，也要学着与岁月挥手作别。

故人很多，但是现在，不是零落天涯，便是生死相隔，弘一也难免偶尔唏嘘。不管怎样，他仍然走在修行的路上。在佛的世界里，时光如水，日子如莲。对这个虔诚的僧人来说，无论是喧嚣尘世，还是寂静山林，皆是修行道场。

因为寂静，狭小之心，可以承载万物起灭。

空门，不在别处，而在心里。

随遇而安

四方云游，逢山过水；栉风沐雨，随遇而安。

出家人不需要平平仄仄，但是走得恬淡，不知不觉，已是诗意蔓延。原本，诗意与禅意，就在咫尺之间。苏东坡行路逢雨，却因性情旷达，并未沮丧。他笔下的《定风波》，诗意里满是禅意。

莫听穿林打叶声，何妨吟啸且徐行，
竹杖芒鞋轻胜马，谁怕？一蓑烟雨任平生。
料峭春风吹酒醒，微冷。山头斜照却相迎。
回首向来萧瑟处，归去，也无风雨也无晴。

又比如王维，受禅宗思想的影响，反应到他的山水诗中往往包含深远的禅意。他的诗，由禅意入诗入境，有出神入化的感觉。在诗艺上，有静美、澄旷、寂悦美感享受。刘大杰先生在《中国文学发展史》中认为，王维的作品是“画笔禅理与诗情三者的组合”。

王士祯说王维的诗：“妙谛微言，与世尊拈花，迦叶微笑，等无差别。”虚空中有妙有，妙有即是虚空，空寂中见流动，流动中见空寂。“夜坐空林寂，松风直似秋”，有一种水流花开、青云水飘的意味；“坐看苍苔色，欲上人衣来”，刹那已入禅境。

弘一幼时读书，就很喜欢王维的诗。彼时，他不懂什么是禅。几十年以后，终于发现，摩诘的诗里，有许多人寻找的寂静与空灵。无论僧俗，都需要在那样的境界里，让自己内心澄澈。仔细品味，王维的诗，近似佛家所言：色不异空，空不异色，色即是空，空即是色。入了空门，弘一不再填词写诗，但他喜欢那些诗句里的禅味和禅趣。

1923 年前后，是弘一与印光法师通信最频繁的阶段。念佛功深的印光，是弘一闭关时期的接引者。那两年，是印光法师在国内法缘始盛时期。掩关的弘一，每有疑难，总会向印光请示。事实上，此时的他，已在心里默认印光为老师了。

1924 年 6 月，弘一离开庆福寺，来到普陀山，上法雨寺，参见印光法师。见到大师，弘一顶礼三拜，印光静默不语。这位大师，法相庄严，目光慈祥，身边没有任何侍者，许多事都亲力亲为，不喜劳烦他人。

弘一在法雨寺随侍印光法师七日，每天从早到晚，观察学习印祖行为。每顿饭吃完，印祖都会将碗舔干净；或者留馒头一角，把菜碗擦干净后吃下；或者往碗里倒开水，荡涤干净，再用水漱口，然后喝下，惟恐轻易浪费剩余的饭粒。

晚上，印祖在油灯下缝补衣服。弘一看看自己的袖口，上面的补丁是前月宽愿替他补的，颇觉得惭愧。此后，对于此类生活杂事，他再未劳烦宽愿。衣服总是能补就补，尽量不更换。多年以后，有人数过，在他的某件衲衣上，有数百个补丁。

后来，倓虚法师在《影尘回忆录》中回忆了弘一大师在青岛湛山寺讲律时的一些生活片断：“屋中都是他自己收拾，不另外找人收拾，窗子地板都弄得很干净。因他持戒，也没有另外准备好的饭菜，好几次将饭菜送到寮房里，他都未吃。最后，他对端饭的人说，若大众也吃这个，他便吃，否则就不吃。可见，他受印光大师的影响很深。

弘一将印祖的嘉言懿行总结为十六个字“注重惜福，力行习劳，深信因果，专弘净土”。弘一虽然振兴南山律宗，但以净土为归宿，并随缘随分，尽力弘扬印光大师的念佛教义，他常劝人读《印光法师文钞》，高度颂扬印祖的盛德。七日之后，弘一离开了法雨寺。

仍如来时，芒鞋竹杖。似乎不曾带走什么。

但他的心里，却多了几分空灵明净。

回首来处，无风无雨。人间的路上，他还要独行。

弘一又回到了庆福寺。这年夏末，历四年的辛勤笔耕的《四分律比丘戒相表记》，在因弘的最后协助下，终于定稿。他在自序中说：“数年以来，困学忧悴，因是获一隙之明，窃自幸也。尔后时复检校，小有改定，惟条理错杂，如治棼绪，舛驳之失，所未能定，幸冀后贤，谅其不逮，刊之从正焉。”

这部书全篇皆由工整楷书写就。撰写这本书期间，印光法师曾写信给弘一说：“古往今来，不少人用行书草体写经，我对此绝不赞成。想要断烦惑、了生死、度众生、成佛道，岂可将抄经视为儿戏，由着性子写得游龙舞凤的？”

这段话对弘一触动极大，他按照印祖的提醒调整了字体，并寄给印祖鉴定，印祖回信对弘一法师的新字体表示肯定："抄写经文是将凡夫心识转为如来智慧的行为，比古代进士上金殿考状元还要严格恭敬，来不得半点怠慢疏忽。能这样做的人，必定在选佛场中，得中状元。"印祖的点拨，使弘一大师日后的书写，更加一丝不苟，他的书法被人誉为"佛书"。

《四分律比丘戒相表记》是独步当代的律学巨作，已被收入中国《普慧版大藏经》。那时候，上海的穆藕初见到这部书的时候，欣喜若狂，于是提供了全部影印资金，由上海中华书局缩印一千部，分赠诸方丛林，以及日本佛学界，原稿则由穆藕初保存。此书付印后，弘一提前留下遗言："本衲身殁后，无庸建塔或其它功德，只乞募资重印此书，以广流传，余愿已足。"

1925年春，弘一拜别寂山长老，又开始了他的云游生活。弘一做了二十四年和尚，足迹遍及江、浙、鲁、赣、闽等省二百多座寺庙，其中驻锡庆福寺的时间最长。结束掩关后的七八年中，为弘扬佛法，他每年以庆福寺为出发点和归宿点，云游四方。

僧衣芒鞋，只身天地之间，走得了无声息。

潮起潮落，云去云来。都是苦行路上的禅诗。

这年秋天，弘一准备先去南京，再去安徽九华山，参地藏王菩萨圣地。然而，江浙等地不太平，浙奉战争爆发了，孙传芳的军队占领了上海和南京，正在与奉系军队恶战，那里的水陆交通几近断绝。

九华山去不得，弘一只得在宁波上岸。人地两疏，昏暗的灯火下，他的身影竟有些憔悴。原本，他打算到七塔寺挂单，没想到，那里的客铺已满，他只好另觅栖身之处。在一个极其简陋的客栈，他安顿了下来。房间里，充满了刺鼻的霉味，蚊子四处飞舞。幸好，他早已习惯了随遇而安。苦行之路，本就如此。

在那个客栈住了两天，弘一终于搬到了七塔寺，与四海八方的游僧同住在云水堂。上下铺的格局，四五十个游僧住在里面，打坐的打坐，念经的念经，闲聊的闲聊。弘一静坐着，回到自己的世界，远离了喧嚷。

次日清晨，喝了碗粥，弘一回到铺上，收拾随身之物。转身的时候，看到云水堂外站着个熟悉的身影，是夏丏尊。他来此处，是想让弘一到上虞白马湖畔他教书的地方小住几日。弘一随他离开了七塔寺，来到了上虞。

数年前，经子渊在白马湖畔办了春晖中学，夏丏尊到春晖教书，在那里盖了几间房安了家。丰子恺从日本回国后，受夏丏尊之邀，曾在春晖中学教授图画和音乐。不过，此时的春晖中学，招牌虽然还在，却是物是人非。夏丏尊已在别处教书。

白马湖畔环境优雅，很有些远离人间烟火的味道。湖北面山角下的小村落里横躺着一排小平房。夏丏尊的平屋，就在这一排平房之中。他的家不大，连堂屋在内也不过三间低矮的居舍。他将弘一安顿在春设旅馆。

弘一生活简朴，夏丏尊用香菰供斋，被他坚决拒绝，改用豆腐还是不同意，最后只好按照他本人的要求，白水煮青菜，用盐不用油。对于他的坚持，夏丏尊无可奈何之余，又不得不佩服。

那些日子，弘一为夏丏尊和学校里的师生们写了不少佛偈。有时候，他会独自去到湖边，与湖水中倒映着的那个身影，沉默地对话。那是他，又或者，是世间众生。他在红尘里，亦在红尘外。

某天，他乘船离开了白马湖。西下夕阳，将他送到了远方。

野鹤闲云，来去飘然。无需韵脚，已然如诗。

人生如梦

背上行囊，就是过客；

放下包袱，便回到了故乡。

红尘路远，怎么走都是天涯。或许我们终身寻找的，并非远方，而是灵魂可以栖居的地方。悲欢常在，风雨未央，我们可以选择，被岁月流放，或者与岁月把酒。若能放下执念，行到水穷，坐看云起，异乡也便成了故乡。

苦行的日子，有山重水复，也有月朗风清，他走得寂静而从容。他是弘一，一蓑烟雨，几杯清茶，足以慰藉风尘。离开白马湖后，弘一在浙东云游了两三个月。回到温州庆福寺的时候，已是残冬。

1926 年春，弘一从温州乘船到杭州，挂单于西湖招贤寺，与弘伞重逢。弘伞在那里做了住持，人们称他为招贤老人。不久后，弘一来到玉泉寺，开会着手整理《华严疏钞》。这部前人的注疏，充满着佛学的无尽知识，但因其复杂，所以显得繁乱，缺乏条理。前人写书，不分段，不标点，后人读起来，往往很费力。所以弘一对它进行了修订和校点，希望能以他之手，让这部巨著重现光辉。

五年未见的丰子恺，带着几个学佛不久的朋友来访。他们上午来到玉泉寺，没想到，弘一正在念佛写经。弘伞告诉众人，只有送饭的人能进他的房间，下午五点以后，他才会出来见客。丰子恺知道老师的秉性，只好耐心等待。

下午五点钟，弘一准时走了出来。面前的丰子恺，俨然是他盛年时的模样，温静而不失风雅。而在他的得意门生眼里，数年不见，他又多了几分空明和安详。弘一带着众人在客房坐定，丰子恺的学佛朋友们纷纷请他开示。弘一遵照印光法师的意思，不与众人谈佛法，只是告诉他们，初学修佛，最好是每天念佛。

转眼已是夏天。上海的清晨，吃过早餐以后，丰子恺在江湾过街楼家里，翻看着许多陈年老照片，照片里的人物是他的老师，年轻的李叔同。坐在丰子恺对面的，是刚从日本归国的他的好友王涵秋。这些照片此前保存于丰子恺石门老家，前些天才被带回上海。

照片里的李叔同，有西装革履下的风度翩翩，也有淡雅长裙下的风姿绰约。在王涵秋眼里，这些照片甚至有些光怪陆离。对于李叔同其人，他的才华横溢，他的恣肆风流，王涵秋多少有些了解。但他不理解，为何这样的才子，会突然遁入空门。丰子恺告诉他，老师行事，向来不落窠臼。王涵秋心想，他大概是会还俗的。

正说着，弘一和弘伞两位法师出现在门口，丰子恺将他们迎了进去。寒暄之后，弘一看着照片中的自己，如欣赏世间景物般，把每张照片的故事，告诉人们。前尘往事，蓦然浮起，却又悄然沉落。那时候，他很年轻，叫做李叔同。

他恋着许多风景，亦被许多风景恋着。他在阳光下写诗，也在灯火中登台。人海里沉默不语的是他，舞台上衣袂翩翩的也是他。锦瑟华年里，有个叫诚子的女子飘然而来，被他的画笔深情收藏。但是最后，他出了家，将故事里的她留给了荒凉。

流年碎影，落地成丘。他已不愿想起。

老照片里的陈年旧事，任谁翻开都难免神伤。

活在人间，每天都在与从前作别。再深情，也不能让昔日重来。

清朗与温柔，总会被时光碾碎。我们终须坦然面对。

次日，弘一偕同丰子恺等人，回到了城南草堂。然而，故地重游，往往不过是，岁月已为陈迹，危亭独倚堆愁。城南草堂的牌匾已然不见，门口高挂着的牌匾甚是引人注意，上书四字“超凡精舍”。里面住着的，是个出家人。从前的诗酒唱和，变成了此时的静室枯禅。

经过打听，在附近的一间破败小屋里，弘一见到了老友许幻园。不到五十岁，竟已是步履蹒跚。但他，的确是当年城南草堂的主人。

彼时，他也是个俊逸才子。十二年前，弘一还是李叔同的时候，从杭州回到上海，曾在宋梦仙的遗画上题诗：

人生如梦耳，哀乐到心头。
洒剩两行泪，吟成一夕秋。
慈云渺天末，明月下南楼。
寿世无长物，丹青片羽留。

世事一场大梦，人生几度秋凉。当年风流儒雅的许幻园，如今耳已聋，发已半百，靠给别人抄书勉强度日。见到弘一，他搁下笔，两手支撑在桌上，透过眼镜，细细端详着这位清瘦的和尚。许久，他终于认出，这便是当年的李叔同。说起旧事，不无感慨。却也是感慨而已。离别时，互道珍重，如此而已。

你有你的红尘幻梦，我有我的云水之遥。

知交零落，看似凄凉，却也是寻常况味。

生活，本就是莫名的分分合合。

那日，离开城南草堂后，弘一来到居士林，重逢尤惜阴居士。尤惜阴是个淡泊勤苦的佛教行者，在上海做了许多慈善之事。居士林是新建的四层大楼，装饰华美。底层是可以容纳五百人以上的佛堂。他们到那里的时候，许多男女居士正在那里念佛。

尤惜阴居士住在三楼。打开门，他走出来，见到弘一便俯身顶礼，弘一退了半步，浅浅地合掌回礼。尤惜阴的衣着与表情，都是简单而洁净，几与弘一无异。丰子恺憬悟，原来最生动的佛教，就在这里。形式的堂皇与实质的刻苦，就是现代佛教的两个面。

这年 8 月，弘一到了庐山，挂单大林寺，后又移居牯岭五老峰后的青莲寺。

去庐山，是为了参加金光明法会。不过，对于这次法会，下山以后，弘一并未与他人说起。这类法会，他之前没有参加过，此后更是极少参加。在那样的大型法会上，可以清楚地看出，佛教的世界里，亦是有等级有追逐的。他性情简单，不喜欢纷扰，所以更愿意做个云水僧，行尘内的路，悟尘外的禅。

法会结束后，他用了月余时间，在青莲寺写成了的《华严经十回向品初回向章》。

这部法书依照印光法师所示，稚拙又不失工整，由上海开明书局影印，同时代的太虚法师赞誉道："弘一法师这部经，饶富道气，含蓄敦厚，为近百年来僧人写经之冠。"后来，弘一自己也说，这部法书是生平最精工之作，其后无力为之。尽管如此，他此后所写之经，仍是难以比拟的。

他写的经，结尾处都有落款。不过，后来人们看到他手写经卷的影印本，落款地点很多，落款名号也有很多种。他很少在某个寺院常住，过着苦行僧的云水生活，到某个地方，便落此地的名字。他有两百多别号，只是为了避免浮名困扰。

深秋，弘一离开庐山，回到了杭州，挂锡在从未去过的杭州城内吴山常寂光寺。

不久后，侄子李圣章来到杭州。他说，父亲的六十寿诞即将到来，希望弘一能回天津相聚。弘一不置可否，只是从禅室取出几本经书和几幅佛偈，作为送给侄子的礼物。李圣章劝他还俗，他笑而不语。

两个月后，李文熙的连襟，后来以教育家闻名的国民党元老李石曾，几番周折后，终于在常寂光寺见到了弘一，劝他回天津一趟。弘一还是没有答应。

出家之人，四海为家。天津故地，以及那些青春过往，注定要在回忆里搁浅。长子李准已然婚配，次子李端尚未成亲，须臾的不安后，弘一恢复了平静。

烟火尘缘，已然了断。

他只是个方外之人。红尘俗事，不再挂牵。

第二年秋天，在上海，“天涯五友”进行了最后的相聚。其实，不过是四人而已，蔡小香已经不在人世。袁希濂与张小楼先后归了佛门。

许幻园荒凉度日，两年后去世。风流快意，诗酒年华，已被雨打风吹而去。

人生如梦。不知不觉，已是落叶满城，走在上面，仿佛踩着细碎的曾经。

所有过往，或清淡如水，或明丽如画，都会在不经意间沉入岁月。

蓦然回首，只有烟月纵横，往事寂静不语。

第六卷：行坐皆为禅

身若浮云，心如水月。不动而应，无言而说。

呼之有声，觅之不得。凡有苦求，皆得解脱。

僧俗殊途

岁月的梗上，长着杨柳依依，也长着雨雪霏霏；长着山水迢递，也长着爱恨缠绵。轮回的生老病死，世事的波诡云谲，都无处躲避，我们称之为无常。总有人，于荒凉之地听夜雨霖铃，转身却是日光倾城；总有人，调侃着岁月的三长两短，蓦然间已为陈迹。

佛的世界，本是清净无尘。木鱼声声，佛香袅袅，处处都蕴含着静谧和安详。僧人在此，不争不斗，普度众生。然而，佛家之说，到底是教人出世的。佛说要放下，要随遇而安，是让人放下执念，以平常心面对变幻。但在俗人看来，这就等同于让人无欲无求。

说起佛教，很多人首先想到的就是离家、退隐、遁世、逃避等字眼。似乎，只有生活很不顺遂，人生已无退路，才会遁入空门。

常人见学佛法者，多居住山林之中，与世人罕有往来，便认定佛法是消极的、厌世的。

其实不然，首先，佛渡有缘人，佛门并非谁都能进。其次，学佛法者，固不应迷恋尘世，以贪求荣华富贵，但亦决非是冷淡之厌世者。因学佛法之人，皆须发“大菩提心”，以普通人之苦乐为苦乐，抱热心救世之弘愿，不唯非消极，乃是积极中之积极者。虽居住山林中，亦非贪享山林之清福，乃是勤修戒、定、慧三学。

人们说，天下太平时，和尚下山化缘；天下大乱时，和尚闭关坐禅。这样的误解始终存在，也因此，僧俗之间常有龃龉。佛门净土，也难免遭受世俗力量的侵袭。

已经是1927年春天了，弘一仍挂锡于杭州常寂光寺。吃斋念佛，打坐参禅，禅寺里的生活平淡如水。外面的世界依旧混乱，军阀混战，政局不宁，无论南方北方，都少有太平日子。不知从哪天起，社会上有了灭佛驱僧之声，并且日日扩散。

大概是许多意气风发的年轻人，看不惯僧人吃斋坐禅的避世生活，他们认为佛法只会让人意志消沉，佛寺和僧人都没有存在的必要。在北方，冯玉祥的军队见庙就拆，见佛像就捣毁；国民党内激进分子，见和尚便勒令其还俗，见到寺庙，便要改做学校或工厂，见了有香火的地方便说是迷信。

灭佛之议，若只存在于少数激进分子之间，倒也只是隔靴搔痒；但若是出现在知识分子口中，甚至出现在官府的布告上，那就是火烧眉毛了。江浙等地的佛教界，突然如临大敌。在上海和南京，印光法师已联合数位高僧，呼吁奔走，多方交涉。

弘一心知，绝不能坐视不理。倘若灭佛之事继续蔓延，恐怕历史上“三武一宗”的悲剧就要重演。“三武一宗”，是指北魏太武帝（拓拔焘），北周武帝（宇文邕），唐武宗（李炎）和后周世宗（柴荣）。这四位皇帝都曾主持灭佛，在佛教历史上，合称为“三武一宗之厄”。

北魏太武帝因为信奉道教，于公元 444 年下令，上自王公，下至庶人，一概禁止私养沙门，若有隐瞒，诛灭满门。翌年，盖吴在陕西黄陵起义，太武帝亲自率兵前去镇压，到达长安时，在一所寺院发现兵器，怀疑沙门与盖吴通谋，大为震怒，下令诛杀全寺僧众，并开始推行苛虐的废佛政策：诛戮长安的沙门，焚毁天下一切经像。魏国境内的寺院塔庙无一幸免。

建德三年（574）五月十五日，北周武帝下诏“断佛、道二教，经像悉毁，罢沙门、道士，并令还民。并禁诸淫祀，礼典所不载者，尽除之。”一时间，北周境内融佛焚经，驱僧破塔，宝刹伽蓝皆为俗宅，沙门释种悉作白衣。公元 577 年，北周灭北齐后，继续推行灭佛政策，毁寺四万座，强迫三百万僧、尼还俗。不过，周武帝虽然毁佛断道，但并不屠杀僧侣。

会昌三年 (843)，唐武宗下诏，“命杀天下摩尼师，剃发令著袈裟作沙门形而杀之”。845 年，敕令僧尼不论有牒或无牒，皆令还俗；一切寺庙全部摧毁；所有废寺的铜像、钟磬悉交盐铁使销熔铸钱，铁交本州铸为农具。八月，下诏宣布灭佛结果：天下所拆寺四千六百余所，还俗僧尼二十余万人；拆招提、兰若四万余所，收膏腴上田数千万顷。

五代末，后周世宗，生性不喜佛教，即位未几即下令破除佛教，禁止私自出家，废除无敕额之寺院三万余所，对全国的佛像进行了大规模的清理，收购佛像铸钱，佛经章疏大半散佚。周世宗也采取了比较温和的态度，没有屠杀僧侣，而且，对于有德高僧还加以任用，委以官职。

无论何时，对僧人来说，灭佛运动都是惨剧。他们皈依的净土，突然间断瓦残舍，连几卷像样的经书都遍寻不着，纵然散淡如尘，怕也会悲伤落泪。

不过，佛之一字，存在于万事万物之中。毁灭，便是重生。

或许，所有践踏之行皆如尘埃。拂去尘埃，又见花开。

又或许，本在有无之间，何处沾染尘埃？

对世间所有应酬，弘一都唯恐避之不及。但是，在佛国面临灾难的时候，他毅然站了出来。他虽然性情孤僻，但朋友和学生遍及四方。在那些鼓吹灭佛思想的人物里面，就有他们的朋辈。

这年 3 月，弘一将写给各方面的信交给老友堵申甫居士，请其代为转发。同时，他开出了一张会客名单，并于次日出关，约请多位主政者来寺里面谈。那些信有写给教育当局人物的，其中就有他的老师蔡元培，以及老友经子渊、朱少卿等人。这些人支持灭佛，显然也是源于对佛法的误解。就仿佛，佛门里面的人们，真的只是念念经，敲敲木鱼。

那日，弘一事先写好了许多张佛偈。当应邀的客人陆续到来时，由堵申甫每人分发一张。主政者并没有如约到齐，而事先准备好的佛偈，与来的人数对应不差。看着佛偈上的字，来客都沉默了。

婉语微言，潜移默化。弘一以其人格魅力，和对佛法的深沉理解，让众人哑口无言。不久后，灭佛之说偃旗息鼓。至于那些纸上所写之字，无人知晓。

此事之后，弘一再度入关，驻锡于本来寺。深秋，印光法师驻锡在上海太平寺，弘一便离开杭州去上海请益，依旧住在江湾丰子恺家。那时候，《四分律比丘戒相表记》即将出版问世。在功德林，丰子恺与夏丏尊，还有几位仰慕他的居士，为他接风洗尘。其中，有哲学家李石岑，有作家叶圣陶。他们听说弘一大师要来上海，提前已与夏丏尊和丰子恺约好，要一睹大师神采。此外，席上还有日本内山书店的主人内山完造，他负责将《四分律比丘戒相表记》分赠给日本佛学机构。

那日席间，并没有多少对白。对于人们的问题，弘一的回答都很简短。而对于佛学问题，他并不答复。自从在法雨寺，见印光法师并不向人们宣讲佛法，他也渐渐悟到了念佛的真义。佛说，不可说，他深以为然。李石岑的哲学著作，在国内颇负盛名。他向弘一请教人生问题，得到的回答却是：不曾研究，无话可说。

他已非俗世之人，不愿多言红尘哲学。许多僧人喜欢为人们指点迷津，而他，是精于律学和净土宗研究的法师，持戒念佛，写经悟道，如此而已。人生问题，的确也没什么好说。毕竟，僧俗殊途。

饭后，弘一要去太平寺拜谒印光法师，众人跟随。印祖是当代佛学大师，自然也是闻名遐迩，想见他的人不在少数。弘一走在前面，步履轻盈，颇有神姿。修行越久，就越能体会行云流水的感觉。万物划出心门之外，只留清净悠然，自然可以来去如风。

见了印光法师，弘一伏地便拜。那种虔诚的膜拜动作，令在场那些未见过佛门礼仪的人吃惊不小。弘一告诉印祖，来的这几位都喜欢佛法，有的还看过禅宗语录，此来拜见法师，希望能给予开示。

印祖的话有些严厉：“佛法无边，几段语录，几篇文字，都没什么意义。人生于世，最重要的是了却生死，生死不了，非常危险。有人说，念佛是迷信，请问世间何事不是迷信？”所有人都默默地听着，不曾开示，却已开示。

禅房里有不少讲经义的书，有线装的，有平装的。告别时，每个人都得到了几本。然后，他们辞别了印光法师。末了，弘一小心翼翼地关上了门。他知道，山的外面还是山，路的前方仍是路。

人生之三见

人生有三见：见自己，见天地，见众生。

首先见自己。大道至简，最重要的是本心。见自己，必须寂静，回归本心。看见了自己，方能接纳自我，方能不卑不亢，既不自我陶醉，亦不妄自菲薄。否则，便只能在生活中负重前行。

其次见天地。世界太大，生命太小。万千风物，我们都需放眼观量。见天地，就是要把小我境界提升到大我境界去。以地为躯干，以天为魂魄，以山川河流为血脉，便是所谓的顶天立地。见天地方能有格局，方能进退自若，得失随缘。

最后见众生。人生本是修行，见自己和见天地自后，再去见众生，是慈悲的觉悟。见众生，便会懂得低入尘土，懂得谦逊与淡然，便会对世人报以宽容和慈悲，所谓见众生，便是没有了我执，众生即我，我即众生。所以，老子说，圣人无常心，以百姓心为心。

可惜，世人多蒙昧。很多时候，发已花白，仍找不到真正的自己，活在迷惘里。自然谈不上见天地，见众生了。智慧有大小之分，小智慧只能玩点机巧权术，大智慧的人，可以在真假有无之间，冷眼旁观，洞明世事。

李叔同是极少有的大智慧者。所以，他的多情与浪漫，平淡与绚丽，都到了极致。六十余载的人生，过出了别人几世都达不到的精彩。身在红尘，他是遗世独立的民国才子；遁入空门，他是慈悲为怀的方外高僧。

他的学生丰子恺，也是颇有慧根的。他性情温和，总是以温柔悲悯之心来对人对事。发散在他的笔下，便是平易的文字和纯仁的画风。他的漫画可谓别具风格，他有着国画的深厚根基，寥寥几笔，就勾勒出生动的图像。特别是他取材多是人世间的辛酸事，为红尘众生抱不平。

然而，那些年他眼中所见，却是个残破混乱的世界，军阀混战不休，政局摇摇晃晃，他手中的笔，画不出个清平世界。与之相对的是，他在老师的身上，深切地感受到了佛的灵光，感受到了那种空寂的美。于是，在1927年生日那天，丰子恺请老师为他证授皈依。

弘一认为丰子恺的佛缘已到，为他举行了皈依仪式，取法名婴行。弘一将简约的皈依文念完后，对丰子恺说，从此日起，要持道修心，戒妄去邪，以悲悯之心去包容世界。丰子恺点头，他已是佛门居士。

这年冬天，丰子恺与裘梦痕编选《中文名曲》，弘一当年所写之曲，如《忆儿时》《送别》《落花》《早秋》《春游》《西湖》《梦》《悲秋》《晚钟》等二十余首入选。歌曲选定后，后来由上海开明书店付梓印行。

残冬时节，弘一回到温州庆福寺。1928年初夏，他选定温州近郊大罗山伏虎庵，进行诛茆宴坐，简单来说，就是除草建茅屋，在此闭关坐禅。

深林无人，明月相照。他在山间，亦在云上。

在他空明的世界里，夏天很快就被坐成了秋天。

初秋，弘一走出大罗山，回到上海，与丰子恺商定《护生画集》

事宜。按计划，由丰子恺来画图，他则题写文字。他告诉丰子恺，画面里不要有残酷之气，他自己也极力避开粗暴的文字。

最初，丰子恺画了两幅戒杀的话，拿给追随印光法师的李圆净居士看，后者建议他多画此类作品，并且集结成册，发扬护生思想。所以，《护生画集》的宗旨是："护生者，护心也。去除残忍心，长养慈悲心，然后拿此心来待人处世。"

《护生画集》全套共六册。由丰子恺作画。头两册的文字为弘一法师题写，第三册为叶恭绰撰写，朱幼兰题写了第四和第六集，虞愚书写第五集。前后相继，创作过程长达四十六年。在佛教界、文艺界和广大普通读者中广泛流传，影响深远。它是佛教界、文艺界诸位先贤、大师们绝世合作的结晶，是一部不可多得的文化精品。

次年深秋，《护生画集》第一册画成，共五十幅，意在庆弘一法师五十寿辰。马一浮在序言中说："华严家言心如工画师，能出一切象。此谓心犹画也。古佛偈云：身从无相中受生，犹如幻出诸形相。此谓生亦画也。是故心生法生，文采彰矣。各正性命，变化见矣。智者观世间，如观画然……"

是亦众生，与我体同。应起悲心，怜彼昏蒙。
普劝世人，放生戒杀；不食其肉，乃谓爱物。

这是弘一为第一册题写的文字。短短几行，尽是慈悲。丰子恺对恩师作了承诺：到他百岁之时，共绘六册，每册增加十幅。后来，尽管弘一法师去世，尽管自己历经坎坷，并在政治运动中遭到迫害，丰子恺依旧坚守承诺。1973年，《护生画集》第六册一百幅终于画成。

1928年冬天，尤惜阴居士来到上海，住在居士林。弘一忙里偷闲去看他，见了面才知道，尤居士将要与谢仁斋居士同赴暹罗弘法，船票已经订好，将于次日起程。暹罗也便是泰国，弘一觉得去那里弘法是功德无量的事情，欣喜之余，立刻决定，与二位居士同往。与这位大师同行，尤居士和谢居士自是无比欢喜。

如云，无心而得自在；如水，无形却知慈悲。

心无挂碍，来去自如。他的世界已是风烟俱净。

众生如你我，无法奢望这般大境界。但至少，我们不必画地为牢。手执画笔，画不出万千欢喜，至少可以画出，一山一水一舟，携个酒杯入画，也可醉眼看人间；寸心有涯，容不下沧海桑田，至少可以容下，茅屋草树斜阳，卸下名缰利锁，处处是烟雨湖山。

说走就走。回到江湾丰子恺家里，将远行的计划告诉了后者。丰子恺倒也没太惊讶，他了解自己的恩师。他打电话给夏丏尊及刘质平，大家开始为弘一南下做准备。其实，也没多少事需要准备，无非是整理行装，以及将弘一南下之事告诉他的朋友及门生。

次日拂晓时分，丰子恺、夏丏尊、刘质平送弘一到黄浦江码头。他离开了上海，不知已离开过多少次，每次都像是出发，又像是向别处回归。

两天后，船在厦门靠岸。因为再次开船还有几天，弘一便去看望厦门大学创办人陈敬贤居士。这位居士当年在杭州，与弘一有过从之缘，最初学禅，后归净土。陈居士希望弘一留在闽南，以其精深佛法，造福此间百姓。弘一思量许久，终于答应了。同样是济世弘法，同样是爱护众生，何处不能落脚？

弘一将留在厦门的意思告知，二位居士便自行去了。尤惜阴居士，若干年后，便是驻锡马来西亚，法名演本的法师；谢仁斋居士后来也出家为僧，为寂云禅师。

在厦门，经陈敬贤介绍，弘一挂锡于南普陀寺。在那里，他遇到了不少高僧，参访了当地著名的佛寺。栖息之所，则是闽南佛学院的小楼。闭关写经，念佛参禅，一如从前。不知不觉，已是春天。

那些年，弘一始终在漂泊。虽然，身为僧人，苦行万里，方得云水禅意，但毕竟，那是条坎坷的路，风雨有之，荆棘有之。他心性恬淡，不惧风雨兼程，却也不喜欢始终四方飘荡。而他的朋友和学生，则顾及他的健康状况，总想着为他找个安谧的修行之所。

1929 年，弘一五十岁。丰子恺、夏丏尊、刘质平、经子渊、穆藕初等人，希望结束他行无定所、云水萍踪的状态。为此，征得弘一同意后，他们在上虞白马湖畔，觅地结庐三椽，作为弘一的栖身之处。

他是个传奇，被万千人仰望，却又静默如尘。他的心里，有天地，有众生。至于他自己，在出家之时，连同作为风流才子的岁月，都被轻轻抛给了过去。

将无常当寻常

一念，山重水复；一念，柳暗花明。

心如寂室，装着西楼月满，也装着长河霜冷。

岁月山高水长，终究要独自走过去。人在天涯，注定是冷暖自知，但我们可以带着温暖的心念行走。疲倦了，便临水而坐；凄寒了，便焚字取暖；孤寂了，便对影成双。这世上，任何地方都可以生长，最重要的是，莫忘了带上阳光。

若是带着禅心上路，那便是，处处皆归途。就像弘一法师，独坐云下，听风念佛，野径亦是禅房。因为心中有佛，无论身在何处，都能淡看云烟。

在厦门住了数月，到初夏时，耐不住此地初来的炎热，弘一决定回温州城下寮。在精神世界，他始终是神采奕奕的，有栉风沐雨的勇气，有打坐参禅的悠然。但是色身，在五十岁的年纪，难免有些脆弱，既耐不住苦寒，亦经不起酷热。

1929 年 5 月，弘一与苏慧纯居士同行北上。经过福州的时候，他们下了船。福州以鼓山闻名于佛教界，此地在闽江以北，林森的东郊。当代禅宗虚云法师，便是鼓山的中兴人物。弘一挂锡于涌泉禅寺，参观了鼓山数处古刹。

在涌泉寺的藏经楼上，弘一发现了世间极难见到的佛学著作：清初刻本《华严经》及《华严疏论纂要》。回上海后，他将《华严疏论纂要》影印了二十五部，其中十三部赠给中国的佛界丛林，另外十二部由内山完造分送日本佛教界及佛学研究单位。回到庆福寺的时候，已是盛夏。弘一再度闭关，专心念佛。关上门，就像关上了全世界。

于他，这样的夏天无非是，山光悦鸟性，潭影空人心。

禅房花木，都与寂静为邻，无所谓多情无情。

枯禅坐到万籁俱寂，心中已有地老天荒。

8 月，弘一来到了上虞。众人为他所建的山房，除了厨房、厕所等没有完工，其余部分皆已建成。他为之取名为晚晴山房，取自李商隐之诗：天意怜幽草，人间爱晚晴。其后的岁月，他有时也自称晚晴老人。

深居俯夹城，春去夏犹清。
天意怜幽草，人间爱晚晴。
并添高阁迥，微注小窗明。
越鸟巢干后，归飞体更轻。

白马湖畔，景色清幽，远离喧嚷。新建山房也是清雅别致，弘一很是满意。在给夏丏尊的信中他说，石禅新居，由山房南望，不啻一幅美丽的画图，屋后的松柏葱郁，更显出情境的幽隐。

那段时间，弘一计划，待厨房等设施完备后，将在这里自炊，蔬菜由夏丏尊家的菜园提供，其余物资则由经子渊和夏丏尊的事务代表人章先生定期送至。

弘一有个想法，就是从定慧禅寺将弘祥法师请到白马湖，并且已经列出了周详计划。他从信佛到出家，由了悟禅师剃度，这些都是因弘祥法师的助缘。若要在白马湖常住，他很想迎请弘祥法师来此，与他共同静修。

这年旧历九月二十日，是弘一五十岁寿辰。这天上午，夏丏尊、刘质平、李鸿梁等人与他相聚在经子渊的长松山房吃面，只见远处走来一人。来的是绍兴徐仲荪居士，他久慕弘一大师之名，听说弘公到了白马湖，又正值寿辰，便买了水族来，到白马湖放生，为他的五十岁生辰祝贺。众人都觉得此举甚好。

天近中午时，一行人乘船前往。取湖水，折杨枝，弘一开始了杨枝净水的放生仪式。他动作轻灵飘逸，依次为鱼虾行庄严而优美的灌顶洗礼，为这些有福的生灵消除业障。最后，他将生灵放归水中，看他们各自游散。鱼虫草木，皆有灵性。照拂它们，就是为自己修佛塔。

一叶扁舟，载着万千慈悲；众生如我，自应慈航普度。

俗世之人，谈不上普度众生，但应多些慈悲之心。

懂得了慈悲，也便懂得了感恩和宽容。如此活着，方能坦然。

深秋，因为这年陕西旱灾，宁波的一位老僧想请弘一去西安主持法会，为众生祈福。既然是善事，弘一便答应了。没想到，到了约定的日子，在宁波码头，弘一和那位僧人带着各自的行李上了船，却见刘质平风尘仆仆地赶来了。

刘质平冲入了船舱，不由分说，拉着弘一就下了船，那位僧人还有送行的人们都惊住了。此时，已经拉着弘一上了岸的刘质平说，西安是去不得的，几千里的迢递路途，此时又近冬日，老师的身体经不住这样的折磨。说得很是凄怆，众人都沉默了。

世间之人只知他是大师，只知他活得云淡风轻，却很少知道，恬淡自在背后，亦有风雨飘零。他的佛心自然是经得起千磨万砺，但他的身体早已不强劲。但这，只有少数人知道和关心。刘质平和丰子恺这些学生，对这位老师的感情，与世俗子女相比，有过之而无不及。只因，他对他们，亦曾无比深情。那是日光对芳草的温暖。

刘质平向在场的僧人和居士解释后，又将弘一的行李拿下了船。弘一知道刘质平的心意，而且既已至此，也是天意，只好随缘，他又回到了挂单的寺院。回去的路上，刘质平对自己在船上的鲁莽道歉，弘一微笑着说，这桩公案已了，一切皆有定数。

不久后，他又南下去了厦门。这年年底，弘一与太虚法师、芝峰法师、苏慧纯居士到南安名刹小雪峰寺度岁。小雪峰寺位于南安市康美镇杨梅山麓。建于唐代，经历代多次修缮扩建，现有建筑面积二万多平方米。寺门楹联相传为南宋理学家朱熹所题，颇有禅意：

地位清高，日月每从肩上过；
门庭开豁，江山常在掌中看。

开山祖师义存大师，俗姓曾，十二岁出家，到福州学道，成一代高僧，为禅宗云门宗大师，唐僖宗赐号“真觉大师”，随赠紫衣袈裟。晚年欲葬父母于杨梅山中，只因道行高洁，孝感天地，有白马现身引路，择得龙马吉穴。守墓结庵，守孝三年，该庵即后来的小雪峰寺。

小雪峰寺背山面水，寺后古木参天，钟灵毓秀。月夜的雪峰寺，山光月色交融，空灵隐逸。古诗云：“露冷秋空净，楼高碧月娟。何须仙隐去，此际直超然。”出家以后，早已不再触及平平仄仄，弘一并未题诗。倒是太虚法师留下一首七律：

寒郊卅里去城东，才过青溪便不同。
林翠荫含山外路，蕉香风送寺前钟。
虎踪笑觅太虚洞，狮窟吟留如幻松。
此夕雪峰逢岁尽，挑灯共话古禅宗。

正月十五以后，弘一离开小雪峰寺，来到了泉州城内的承天寺。正巧，性愿法师此时在承天寺创办佛学研究社。弘一在这里住了三个月，除了打坐念佛，还常常为寺院整理《藏经》，并且编订目录。

在温暖被炎热取代的时候，弘一再次北上温州。临行前，他手书一幅联句，赠给了闽南名宿会泉长老：会心当处即是，泉水在山乃清。途中在福州鼓山涌泉寺逗留了数日，于6月回到温州，又从温州回到上虞白马湖晚晴山房。在这里，他除了校正《南山行事钞记》，偶尔也会与经子渊纵论佛法。因为山房湿气重，不久后，弘一移居附近的法界寺闭关。

他已年过五十，佛学思想与实践，大概可以总结为三方面：华严学是他佛学上的思想领地，《普贤行愿品》则是本经的中枢，弘一的行愿便由华严经延伸而来；南山学是他秉承南山道宣律师之遗风，从事当代律学的整理与开创新的境界，他自己以身试验，从事律学的行持；念佛则是他从事佛道的实践方法。这方面，他以印光法师为典范，以现身誓证念佛三昧为目标。他时刻不离佛号，行到某处，便在那里闭门清修。

对佛，对佛学，他都无比虔诚和专注。为此，诗词歌赋，金石音乐，都被他舍弃了。那些东西，曾经让他的生命丰盈，但他说放下便放下了。事实上，被放下的，还有那个在他画里翩跹过的女子。想要空明，就要了却。

所有执着，皆是妄念。过去了，便已幻灭。

佛说，割舍就是得到，残缺就是圆满。

将无常当寻常，将有相当无相，方能真的解脱。

这年盛夏，夏丏尊生辰，弘一与他小聚，又叫了经子渊，三个人素斋闲谈。经子渊毕竟是俗世之人，虽与弘公交情不错，但对佛法没什么研究。本是秉烛夜话的雅事，说起前尘往事，想着世事只如梦幻一场，他越说越伤感，最后竟哭了起来。这场相聚，最后以沉默为终点。夜深时，荷风香气，竹露清响，在弘一心里，皆有禅味。

所谓的禅，在婆娑的红尘里，在每个途经的日子里。

一念花开，一念花落。就是如此。

无上清凉

无上清凉。

写此四字的时候，他定是欣喜和自在的。

禅悦在心，他的整个世界都是清凉的林荫。

无上清凉，便是他苦修静持的情怀。墨满笔缓，不激不荡，单纯而清莹，肃穆但不华贵，清淡不失丰厚。出家后的弘一刻苦修行，勤奋笃实，研究戒律、治梵典、写佛经，令佛界的人高山仰止。而他，总是不声不响。对他来说，所有的寂静里，都有梵音飘荡。

多数的开悟者在开悟之后，其心身中因妄念造作与冲突而形成的粗重和紧张的气质，往往会顿然一扫而净，由此而转变为清净喜乐的气质状态。这种清净喜乐的气质，不仅能使开悟者自身时常体会到清凉，由此恒久地不离内心的自在与安乐；同时对于那些诚心亲近开悟者的有缘人来说，这种气质往往也会显现出极大的感染作用，使他们内心的烦恼顿归息灭，由此转变为宁静和欢喜。

所以，开悟也被叫做登清凉地。中国佛教华严宗的第四祖澄观大师，之所以被唐朝的德宗皇帝加封为清凉国师，关键就在于这种气质的感染作用能够清凉帝心的缘故。

不入此界，难得此境。无上清凉，我们常人无法体会这清净宁和的人生滋味。但我们可以学着活得恬淡，少些计较，多些包容。生活，本就是风来雨去的，若能与之微笑相对，至少能拥有几分闲情。

法界寺里，弘一在他的清凉世界里打坐。夏蝉聒噪，不入他耳；凉风习习，正中下怀。不久前，天津寄来家书，说李准添子，他为之取名曾慈。李曾慈出生那日，正是他母亲王凤玲的忌日。生死交替，轮回往复，真真如谜。世间之事，如走马灯旋转不休，他心里了然，取一隅之凉，让世界在他心门外沉寂。那段时间，他开始创作《清凉歌集》。

清凉月，月到天心，光明殊皎洁。今唱清凉歌，心地光明一笑呵。清凉风，凉风解愠暑气已无踪。今唱清凉歌，热恼消除万物和。清凉水，清水一渠，涤荡诸污秽。今唱清凉歌，身心无垢乐如何。清凉，清凉，无上究竟真常。

近观山色苍然青，其色如蓝。远观山色郁然翠，如蓝成靛。山色非变，山色如故，目力有长短。由近渐远，易青为翠，自远渐近，易翠为青。时常更换，是由缘会。幻相现前，非惟翠幻，而青亦幻。是幻，是幻，万法皆然。

1930年秋，弘一来到慈溪的白湖金仙寺，故友亦幻法师是金仙寺的住持。不过，他去金仙寺还有个原因，那便是天台宗的高僧静权法师将去那里讲经。弘一去得无声无息，在僧房里住下来，粗茶淡饭，诵经礼佛，日子很安详。

他仍是过午不食。每日午饭后，他必在僧房内诵念《华严经普贤行愿品》，为众生回向。这间僧房因此被他成为“华藏”，且以篆书写过横额，附有按语：庚午秋晚，玄人宴坐此室读诵《华严经》，题此以志。

那段时间，他从《华严经》上摘出联偶三百，比如“言必不虚妄，心离于有无。自性无所有，智眼靡不周”，比如“如来境界，无有边际；普贤身相，犹如虚空”，以他颇具禅趣的笔体写出，集成后由刘质平在上海付印，这便是后来的《华严集联三百》。这些集联，令人在欣赏书法的同时，能蓦然间进入华严世界，引出佛缘。尽管如此，弘一觉得，在经书上寻章摘句很是不妥。

冬天，静权法师来到金仙寺，宣讲《地藏菩萨本愿经》，连续讲了两月，弘一从未缺席。法师讲到《阎浮众生业惑感品第四》时，弘一听得很动容。地藏王在无量阿僧祇劫时名叫光目女，她的母亲在世时爱吃鱼鳖，罗汉看见她堕入地狱，光目女问：“尊者慈悯，如何哀救？”

罗汉劝她念“清净莲华目如来”，供养佛像。不久，光目女梦见佛身，如须弥山，大放光明。而母亲则很快托身为人，可是因过去罪业很重，生在下贱之家，为婢女之子，她记得自己的前世，生下来三天即会说话，也记得地狱的样子。她晓得女儿给她修佛，才能顺利得到人身，但这人身是短寿的，她只能活到十三岁，之后还要继续在恶道里受罪。

光目女为了救度母亲，发下大愿，因愿力巨大，母亲被超度到忉利天。从此光目女更发大愿，愿救度一切众生。光目女就是地藏菩萨的前身，而其母亲，即解脱菩萨的前身。有感于光目女救母之诚，忆起母亲生前所受之苦，弘一经不住在座上掩面痛哭。悲痛后，他回到僧房，写下了蕅益大师警语：

内不见有我，则我无能；外不见有人，则人无过。
一味痴呆，深自惭愧；劣智慢心，痛自改悔。

在金仙寺，弘一也曾为周围僧侣讲授律学，主要内容是《三皈与五戒》。三皈，为僧人出离因，皈依佛法僧三宝；五戒，为僧人将来往生人天善道因，戒杀、戒盗、戒邪淫、戒妄语、戒饮酒。所讲内容，出自他撰写的《五戒相经笺要》。不过，因为并不正规，讲堂设在正屋旁的偏房，听者寥寥。一切随缘，他并不在意。

深冬，弘一回到温州庆福寺，不久后又回到上虞白马湖。长年奔波不定加上受了些阴寒，回到白马湖不久，他患了很严重的痁疾。此地偏僻，医疗条件很差，几乎无药可寻，患病几乎只能自理。江南正月，头上戴着风帽，身上穿着棉袍，他仍感觉到刺骨的奇寒。病中的日子，他撑着身体，在佛前不断念诵《普贤行愿品》，生死已在度外。

生，是红尘的异地漂泊，安步当车。

死，是别处的继续流浪，随遇而安。

超脱了生死，他早已不惊不惧。病魔倒是败兴而去了。

身体渐渐痊愈，他在佛前发愿，专习南山律学。初出家时，急于自度，习《四分律》，日后境开，大彻大悟，回习南山，以赎前愆。

他在《学南山律誓愿文》中写道："弟子演音，敬于佛前发弘誓愿，愿从今日，尽未来际，誓舍身命，拥护弘扬南山律宗。愿以今生，尽此形寿，悉心竭诚，熟读穷研，南山钞、疏，及灵芝记。精进不退，誓求贯通，编述表记，流传后代。冀以上报三宝深恩，下利华日僧众。弟子所修，一切功德，悉以回向，法界众生，同生极乐莲邦，速证无上正觉。"他是这样写的，也是这样做的，为南山律的传承不绝努力到最后，为末法的慧炬明灯。

弘一知道，律学不兴，始终是佛教的致命伤。1931年夏秋之际，他来到慈溪五磊寺。这座古刹坐落在山里，十分幽静。同时，慈溪地处宁波与余姚之间，往来僧人众多，所以弘一决定在此弘扬律学。

不久之后，弘一与五磊寺住持栖莲法师商议，成立南山律学院，建立道场，以三年为期，专讲南山律宗三大著作：《行事钞资持记》《四分律行宗记》《羯磨疏随缘记》，希望借此在佛界形成重振律法的风气。此事得到了金仙寺住持亦幻法师的支持。

计划拟定后，由栖莲法师与亦幻法师赴上海找佛界著名护法朱子桥居士募集基金。朱子桥为东北军将领，此时在上海逗留。两位法师到上海后，邂逅白衣寺住持，曾去过暹罗的安心头陀。经他介绍，他们在一品香饭店见到了朱子桥，募到了一千元大洋。

本来，事情进展顺利，直到栖莲法师将几本厚厚的缘簿交到弘一手上。他说，长久来看，仅靠朱子桥居士的支持是不够的；为了弘法利生着想，印了几本缘簿，将向江南各方募捐。为此，他要弘一在前面写一篇序文。

栖莲说得兴高采烈，弘一听得心灰意冷。用自己的浮名去募捐，这与他的性情相去甚远。他要弘扬律法，但不想有丝毫功利痕迹。不久之后，五磊寺里就没有他的身影了。一叶扁舟，将他载到了宁波佛教孤儿院。同时载去的，还有南山律学院的招牌。

秋雨梧桐叶落，是人间陌上；白云清风月明，是禅定的他。

遍地秋蛩声，打坐时却静如天籁。他仍在写他的《清凉歌集》。

却来观世间，犹如梦中事。人生自少而壮，自壮而老，自老而死。俄入胞胎，俄出胞胎，又入又出无穷已。生不知来，死不知去，蒙蒙然，冥冥然，千生万劫不自知，非真梦欤？枕上片时春梦中，行尽江南数千里。今贪名利，梯出航海，岂必枕上尔！庄生梦蝴蝶，孔子梦周公，梦时固是梦，醒时何非梦？旷大劫来，一时一刻皆梦中。

破尽无明，大觉能仁。如是乃为梦醒汉，如是乃名无上尊。

《清凉歌集》分清凉、山色、花香、世梦、观心五篇，由刘质平及其学生五人作曲，由夏丏尊作序，1936年10月在上海开明书店首次印刷。歌词部分的字迹，结构清疏，线条纯净，有一种不食人间烟火的味道，那正是弘一法师的真迹。

那个秋天，弘一虽然又被请回五磊寺，并与寺院约法数章，却终因缘分已尽，道不同不相为谋，数日后便再度离开了。如蕅益大师所言，世情淡几分，佛法便有几分得力。

不执着于空，不执着于色，不执着于无，不执着于有。游走于色而能觉空，流连于有而能晓无，自在悠然，以至无碍。佛门外的人，参不透禅意，却会如此说：红尘中，他的无上清凉，寂静光明，默默照耀着世界。

心将流水同清净

身若浮云，心如水月。不动而应，无言而说。
呼之有声，觅之不得。凡有苦求，皆得解脱。

此为憨山大师《水月观音赞》中语。总是这样，尘世中人，希冀着如流水浮云般自然天成，于天地之间飘荡，无拘无束，却又时常东奔西走，带着几分蝇营狗苟的气息；虽羡慕流水浮云之恬然旷达，却不愿放下红尘羁绊。

事实上，即使是身在空门，也未必能逍遥自在。只有少数慧性超凡者，能扫去浮尘，如流水，如浮云，随性自在，来去如风。于他们，是非功过，前尘往事，皆如云烟。

弘一便是如此。创办南山律学院之事前功尽弃，他便扁舟自去，找个寂静之处，写他的清凉歌去了。他很清楚，世间的许多事情，无论成败，都是缘分，所以他选择随缘。许多人之所以活得疲惫和纠结，就是因为看不透：得之我幸，失之我命。

1932年初，弘一回到上虞金仙寺，为这里的寺僧将律学。最初，他拿出了当年在杭州教书的劲头，每日讲两个小时的《四分律》，剩下的时间由学员自己记诵。不过后来，他渐渐厌倦了，终于终止了讲座。讲解律学，絮絮叨叨，终不似打坐参禅，或云水行走，来得飘然自在。

这年夏天，他离开金仙寺，又开始了云游生活。他去了上海，与丰子恺、夏丏尊等人小聚，他对他们说：历经百劫，故人犹健，茫茫人海，不必苛求。然后，几经辗转，回到白马湖法界寺，竟又病倒了，是中秋前夕。

病愈之时，已是冬天。他隐隐觉得，江南虽如画中，却对他的身体无益。倒是四季如春的闽南，更适合他日渐衰败的身体。不久后，他再次南下厦门。

走得不声不响，将冬天留给了过去。

江南云水，在他身后招摇，并不因冬天而憔悴。

无需作别。行脚的岁月，山水草木，都曾与他倾情对话。

旧历十月，日光温暖。冬天的厦门，以闲花落地听无声，迎接了这位远来的僧人。第三次至厦门，他先在北郊禾山以东的万寿岩住了下来。没过多久，侄子李晋章寄来书信，说上海的报纸上刊登了一则弘一法师圆寂的消息。这样的事情以前已经发生过，弘一并不在意。事实上，若干年前，有位星相家曾预言，他的世寿只有六十岁。《兰亭序》上说，修短随化，终期于尽。修行多年，刹那间的生死，他看得很淡。

深冬，上海李圆净居士来信，称将助编《九华山志》，请弘一提供些资料。九华山是地藏道场，弘一出家十数年，因深信始终受地藏菩萨法恩，便将地藏菩萨传世教迹辑录成册，取名为《地藏菩萨圣德大观》。

不久之后，人像画家卢世侯拜见。彼时，弘一正在选辑《地藏菩萨圣德大观》，卢居士被他深沉淡泊的性情感染，回去后刺血绘地藏王圣像，画毕拿来给弘一看，弘一希望他以纯净心念，再绘九华垂迹图。其后，卢居士果然起程北上，遍游九华山，亲礼地藏菩萨圣迹。到 1933 年旧历闰五月，弘一看到他所绘的九华垂迹图，欣慰之余，写了篇《地藏九华垂迹图赞》，以成就世人供养的因缘。

1933 年春节前，弘一挂锡妙释寺。离开万寿岩之前，他特别为这里的住持了智法师，刻了一枚阳文长印，上面引用了温庭筠《题造微禅师院》里的一句“看松月到衣”，刀法古朴苍劲，笔法沉潜豪迈。

在妙释寺，性愿法师将自己的僧房让出一间给他，他写了一幅《华严经》佛偈相赠：戒是无上菩提本，佛为一切智慧灯。到妙释寺当天，弘一开始为众僧宣讲《净土法门大意》，此为净土宗根本。修习净土宗，首要之事便是发大菩提心，替众生受苦，凡求自利者，不能往生。

关于诵经，弘一告诉众僧，修净土法门者，固然需要背诵《阿弥陀经》，常念佛名，却也可以诵念《普贤行愿品》。善财童子历参五十三善知识者，最后见普贤菩萨为说“佛功德海一滴之相”，普贤菩萨就告诸菩萨及善财童子，要成就佛的功德，应修十种广大行愿。此品常常诵念，可助发大菩提。临命终时，此愿不离，可引导往生极乐世界，证得圣果，乃至成佛。

后来，弘一又为妙释寺众僧讲《改过实验谈》。实际上，这是他自身学佛自我陶炼的经过。他告诉人们，无论是释迦牟尼还是孔圣人，身上都具有超越凡夫的优良品行，读儒家的书，念佛家的经，都是为了知善恶以求改过。他说，研究儒家思想，学习先贤言行，完善自身修养，亦是修行之路。

他说，改过与忏悔，都该是光明磊落的，就如子贡所言，君子之过也，如日月之食焉，过也人皆见之，更也人皆仰之。他总结了十条修心之道：虚心、慎独、宽厚、吃亏、寡言、不说人过、不文己过、不覆己过、闻谤不辩、不瞋。

正月初八夜，弘一做了个梦。梦里，他是个翩翩少年。同行之人，亦非僧侣，而是清雅儒士。同行于陌上，忽听得有人在身后歌唱《华严经》偈句，音节激越，撼动肺腑，令人不忍离去。二人返身走去，只见十余人席地而坐，中间一人在操练丝弦，另一个长髯老人，即是歌唱偈句者。长髯老人面前摆着一张纸，写着《大方广佛华严经》。

弘一的梦中之身领悟到，老人是在以歌唱的形式宣讲佛法，便深深地敬仰起来。他想加入席地者中间，便问道："还有空隙的地方容我们坐下吗？"其中一人说道："两边都空着，你们坐下吧！"正当他们准备脱鞋入坐之际，梦便醒了。弘一披上僧袍，研墨将梦中听到的偈句写了下来，是《发心行相五颂》：

菩萨发意求菩提，非是无因无有缘，
于佛法僧生净信，以是而生广大心。
不求五欲及王位，富饶自乐大名称，
但为永灭众生苦，利益世间而发心。
常欲利乐诸众生，庄严国土供养佛，
受持正法修诸智，证菩提故而发心
深心信解常清净，恭敬尊重一切佛，
于法及僧亦如是，至诚供养而发心。

深信于佛及佛法，亦信佛子所行道，

及信无上大菩提，菩萨以是初发心。

数日后，弘一将之前写的华严经偈拿出来，将那个玄妙的梦境写成跋语，赠给了南普陀寺的广洽法师。那日之梦，弘一认为是他居闽宏律的征兆，他很快就开始了讲解律学的准备。在写出《四分律含注戒本疏讲义》之后，从 1933 年 2 月 15 日起，先后在妙释寺和万寿岩，举办了名为“南山律苑”的讲座，讲解唐代道宣律师的律学名着“南山三大部”和宋代元照律师的“灵芝三部记”。

南山律苑的学员，先有广洽、瑞今等十余人，后有广义、觉圆等法师。学律期间，广洽法师为了表示对弘一的崇仰和感激，为其造像一帧，特请弘一在俗弟子丰子恺题诗，并印制后，分赠诸净友。丰诗曰：“广大智慧无量德，寄此一躯肉与血。安得千古不坏身，永住世间刹尘劫。”

6 月，弘一率众僧去泉州开元寺尊胜院结夏安居。开元寺地僻人远，是个修行的好去处，正如唐朝常建笔下所写：曲径通幽处，禅房花木深。山光悦鸟性，潭影空人心。弘一写了一幅对联，挂在尊胜院的厅里：

南山律教，已七百年湮没无闻，所幸遗编犹存海外

晋水僧园，有十数众弘传不绝，能令正法再住世间

入夜，忆起在江浙办学的情景，颇有些辛酸味道。那时候，在五磊寺，他曾劳神费力地创立南山律学院，没想到以惨淡收场。南山律学院的招牌，此时或许，仍在江南的风雨中，孤独地守着几分曾经的热情。

闽南宏律，弘一仍不知是否能如愿。他知道，无论如何，随缘就好。实际上，南山律苑讲座在厦门、泉州两地持续了大半年，到1933年年底，因兵荒马乱，不得不中止。

许多过往，只如梦境。莫说梦里花好，其实梦里，也有风吹雨打。

但我们可以，于梦里看花，于梦外听禅。

心将流水同清净，身与浮云无是非。

坐亦禅行亦禅

春来花自青，秋至叶飘零，无穷般若心自在，语默动静体自然。

轮回变换，世事喧嚷。心若随着物转，纵不凋零，也会日渐憔悴。行走红尘，若能修得平常心，则所见皆是菩提。平常心如山，聚散得失皆可包容；平常心如莲，去留来去尽是慈悲。有了平常心，即使面对草木，也能至诚相见。

对于修行之人，平常心即是佛。因为明了，所以那些年的弘一，无论身在何处，无论境遇如何，总有着不动如山的淡然。是这样，经过荆棘与苦难，他得到的是禅定与随顺。因禅定而清明，因随顺而自在。人间如长夜，他只如灯盏，以阑珊灯火，照风雨未央。

1933 年冬天，弘一与广洽法师结伴去往泉州以西的净觉寺，途经南安县的葵山时，见荒凉墓碑立于道旁。弘一停下脚步，细看墓碑上的文字，与神交已久的诗人不期而遇。韩偓，晚唐诗人，十岁时曾即席赋诗送其姨父李商隐，后者称赞他“雏凤清于老凤声”。他的诗有着凄凉的美丽，弘一少时就很喜欢。

惜春连日醉昏昏，醒后衣裳见酒痕。
细水浮花归别涧，断云含雨入孤村。
入闲易有芳时恨，地迥难招自古魂。
惭愧流莺相厚意，清晨犹为到西园。

不过，由于韩偓的诗事涉闺阁，绮艳香媚，称为香奁体，退隐后自己整理生平诗作，也取名《香奁集》。为此，他饱受世人非议。但其实，在摇摇欲坠的晚唐，他有过耿耿孤忠，也始终保持着高洁的操守。而且，他的诗中，既有爽丽率真的少年艳体，亦有含意微讽的入仕宫词，更有幽约低徊、托香草美人以寄故国故君之思者。

公元 907 年，朱温以禅让之名夺取帝位，改国号为梁。曾经风华无限的李唐王朝，终于烟消云散。故国已不在，韩偓没了功名之心，便去了闽南，先后隐居于永春和南安，以守赤子之诚。最后，他在南安葵山山麓的报恩寺旁建房舍，下地耕种，上山砍柴，参禅悟道，自号玉山樵人。

从三千繁华到寂静山野，从红尘快意到清净无尘，他们很是相似。弘一曾无数次觉得，他与千年前的那个诗人，是遥遥照会的。此时，见他的墓碑立在荒草间，感慨之余，生出了念想，要为他这远方的知己，做点事情。

此后的几年时间里，弘一搜集了很多资料，来证明韩偓的《香奁集》为别人伪作。在文学上，他否认了韩偓的唯美主义，认为那些香艳的文字，不该出自这位刚正诗人之手。在他的指导下，他的俗家弟子高文显于1936年完成了《韩偓评传》。不幸的是，这本传记却毁在了上海开明书局的火劫里。

想必，韩偓地下若有知，在感激的同时，也会颇觉无奈。《香奁集》固然香艳，落笔时也是无比真诚。何况，那些媚软词句，并不会有损于他完整的人格。两百年后，那个叫李清照的少女，躲在深闺里读着《香奁集》，年岁渐长后，有了溪亭日暮的醉意，有了花自飘零水自流的闲愁，有了寻寻觅觅冷冷清清的凄凉。

倘若她知道，八百年后有个僧人在灯下痛批香奁之语，定会笑他执着。

世间事无非是幻，世上人何必认真。修行多年，他竟执着了一回。

前尘往事，浮光掠影。香奁旧梦，早已成空。

他终会放下，见山还是山，见水还是水。

1933 年底，弘一受邀来到晋江草庵，与他度过残冬的，除了传贯法师，还有不久后从厦门到此的性常法师。次年春，他从晋江草庵回到南普陀寺，住在后山的兜率陀院，他称之为晋水兰若。

闽南佛学院院长常惺法师请他来讲学，顺便整顿学风。讲学不难，但对于整顿学风，他不知从何入手。他已非昔日杭州师范的李叔同先生，多年静默修行，让他习惯了飘洒出尘的状态。处理人群中的事，与他性情相去甚远。所以，他想不到要如何着手整理这座佛学院，只好为这里的僧侣们讲《大盗戒》。结果却见，座下的僧人们，精神涣散，身形松垮，尽是浑浑噩噩。

为了不介入复杂事务，他向这里的瑞今法师提议，开办新的佛学院，以培养年轻人的浩然正气，使他们无论入世还是出世，都能活得周正清白。佛学院的名字叫佛教养正院。对此，有人说他有意与闽南佛学院抢僧源，他不予理会。磊落如他，从来不惧人言。

夏天，除了给佛教养正院的僧人们讲学，他便隐于他的兰若寺，过着结夏的生活，深入简出，宁静淡泊。时光已陌，岁月无尘。风起雨落，尽是禅语。

这年 9 月，弘一在藏经楼里遇见了《一梦漫言》，起初以为是同时代人写的散记，后来才发现，竟是明末清初宝华山见月大师作为行脚僧的小传。可以说，此书是见月大师从出家到苦修的心灵历程，弘一见之欢喜万分。那段时间，读着这本书，他总是废寝忘食。

他在这本书上，加上了自己的眉注，还将书里的经过绘成地图，以使后来人能了解大德高僧的心灵足迹。

人生于世应当是，如山般高峻，如水般慈悲。见月大师待人处事，向来态度威严，不露慈恩之意，世人都说他不近人情。其实，大师的心里装着众生。大概就像《道德经》里所言，天地不仁以万物为刍狗，慈悲往往是无形的。

而当世之人，大都背道而驰，屈曲媚俗，失了风骨，却还美其名曰“权巧方便，慈悲顺俗”。弘一认为，《一梦漫言》是诊治时人魂灵之良方。深秋，写了两篇《随讲别录》，弘一暗暗发愿，定要到宝华山拜祭见月大师的灵骨塔。

满目世风日下，满心光明寂静，对照出身处乱世的无奈。

世态炎凉，人心不古。他看得通透，却不说。

那颗慈悲的心，向着芸芸众生，在滴血。无人知晓。

愿尽未来，普代法界一切众生，备受大苦；

誓舍身命，宏护南山四分律教，久住神州。

那个秋天，他为自己画了幅小像：几根疏髯，薄染僧衣，淡写面孔，不悲不喜。看上去，俨然是世外闲人。多年前，他就喜欢遗世独立。出家后，更是经常远避喧嚷。那个浮华世界，他总是沉默以对。

1935 年初，弘一离开了他的晋水兰若，移锡禾山万寿岩，写下了《净宗问辨》。他说，念佛是佛学里最简单也最生动的法门，却也因其简单，会使许多人怀疑。对于念佛，直觉往往比理解更重要。当你真正入门，便会发现，那个简单的世界里，有无穷的奥义。

其后不久，他离开厦门到泉州，在开元寺为众僧讲《一梦漫言》，细数见月大师的苦行生涯，让年轻的僧人们知道，什么是云水禅心，什么是真正的修行。

讲完了《一梦漫言》，弘一去叶青眼居士开办的温陵养老院小住了几日。初来此处，他住在“华珍室”第十二号房间。生怕自己的到来会惊扰他人，所以他关照主人，早午两餐，蔬菜不要超过两样。

养老院里住着几十位老人，弘一只是对他们说，如汲水烹茶扫地等生活琐事，应尽可能自己动手。在这里，许多人来求字，弘一都欣然答应。若有人问起佛法，他总是不语。离开前，叶青眼居士问他为何，他淡淡地说：“我的字便是佛法，居士何必分别！”

七百多年前，理学大师朱熹曾在此地讲学，并建有书房。

如今，书房早已不在，盘桓于此的僧人，芒鞋竹杖，不惹风尘。

走的时候，夕阳无限。也许，所有的日薄西山，都只是生命的沉潜。

于是，月落乌啼霜满，也就无需叹息。

初夏，弘一去了惠安县东三十里半岛小山上的净峰寺。色身日渐衰微，他想找个地方安放老迈之躯。本来，净峰寺是个不错的选择。在写给夏丏尊的信中，他这样说：“净峰寺三面临海，夏季十分凉爽，冬季也不寒冷。只是这里荒僻，少有人问津……”

这里的幽静与苍古，他都喜欢。然而，这年深冬，净峰寺住持去职，弘一觉得因缘已尽，便离开了这里。临行前，留下五绝一首：“我到为植种，我行花未开。岂无佳色在，留待后人来。”

万般皆是缘。他心里明了，所以去得淡然。

坐亦禅，行亦禅。流年不语。

第七卷：无处即归处

君子之交，其淡如水。执象而求，咫尺千里。
问余何适，廓尔忘言。华枝春满，天心月圆。

浮云任去来

浮生若梦，为欢几何。

大概是，于半醉半醒之间，生出了这样的感叹。

感叹的人，是对酒当歌的李白。红尘婆娑，世事凌乱，那豪放不羁的诗人也只能，说着人生得意须尽欢，将前尘往事泡在杯里，借着月光饮下，荒凉地对影成双。路过岁月，所谓美满，不过是流浪。

浮生二字，看似漫长，细想却如蜉蝣朝生暮死。老去之时，突然发现，浮生只如白驹过隙，所有爱恨情仇，不过是枕上黄粱。梦醒歌尽，夕阳下步履蹒跚的，是我们苍老的身影。

吟风弄月，围炉煮酒，能将年华氤氲成画，但是转眼间，浊酒余欢，知交零落，只剩独自的天涯地角；花前月下，缱绻缠绵，然而花月如笔，却难以画出长相厮守，很多时候不过是，欢乐趣，离别苦，千山暮雪，只影向谁去。

所有痴情寻找，换不来几日欢愉。万里苦行，才是真实的人生。总有人执着前行，饮尽流光依旧迷惘；总有人刹那回头，红尘堆里任他忙，我心清净无烦恼。众里彷徨，不如独自清欢来得自在。

从人生的绝顶，蓦然间走入空门，将自己从李叔同变为弘一，大概就是为此。他看得清楚，所有欢愉都是空幻。与其陷身尘网，不如飘然世外。

离开净峰寺，弘一偕传贯法师到了惠安，在科峰寺讲《佛法大意》，听者有几十人伏拜在他座下接受了授证皈依。冬天，他应邀来到泉州承天寺，为受戒僧侣和当地民众讲了三天《律学要略》。

他说，生于末法时代，沙弥戒与比丘戒皆是不能得的，原因有很多，比如授戒之人越来越少。若授沙弥戒，须二位比丘授；若授比丘戒，须至少五位比丘授。倘若找不到比丘的话，不仅比丘戒受不成，就连沙弥戒也受不成。佛门日渐惨淡，他说得有些凄凉。

讲完以后，他回到温陵养老院。不久后再次来到承天寺，为僧侣们将《参学处与应读的佛书》。旧历十一月十九日，再度过化惠安，先后住在当地几位居士家里，这次他完全是在乡间弘法，讲法十余次，听者不下千人。

由于不停的奔波，他再次染病。这次患的是风湿性溃疡，手足肿烂，持续高烧。这种病在闽、赣山区患者最多，严重的病人，能带着几十年的溃疡，四肢溃不成形。乡间医疗无力，他拖着病体回到晋江草庵。

广洽法师听闻了弘一患病的消息，从厦门赶过来，到草庵看望他。进门，见他还在焚香，写字，换佛前净水，问他是否有好转，他却说，问这些无用，该问他是否忘了念佛。

病得越来越重，有时候甚至神志不清，弘一在病榻上匆草遗嘱："我命终前，请你在布帐外，助念佛号，但也不必常常念。命终后，不要翻动身体，把门锁上八小时。八小时后，万不可擦身、洗面。当时以随身所穿的衣服，外裹夹被，卷好，送到寺后山谷。三天后，有野兽来吃便好，否则，就地焚化。化后，再通知师友。但千万不可提早通知。我命终前后，诸事很简单，必须依言执行……"

传贯法师看了这篇遗嘱，只有眼泪和着悲伤，期待他能早日康复。而弘一自己，立完了遗嘱，便开始悔过，觉得此病因障缘所起，患在好为人师，妄踞师位，自命知律。

日后，他给仁开法师信中说："朽人初出家时，常读《灵峰》诸书，于'不可轻举妄动，贻羞法门'，'人之患在好为人师'等语，服膺不忘。岂料此次到南闽后，遂尔失足，妄踞师位，自命知律，轻评时弊，专说人非，罔知自省。去冬大病，实为良药。但病后精力乍盛，又复妄想冒充善知识，是以障缘重重……朽人当来居处，无有定所，犹如落叶，一任业风飘泊……"

这封信写在鼓浪屿日光岩，为了责备自己，竟然在佛教刊物上声明，取消“法师、律师、大师”的称号。他是个高僧，但并非完人，所以才需继续苦修。

这种强烈的溃疡，延到一个半月之后，高烧已退，弘公的两臂肌肉大部落脱，腐烂的白骨，赫然出现，目不忍睹。1936年春天来临时，斑烂的骨上，又生了些肉芽。他把这次病中的情形，告诉了他的老友夏丏尊和性常法师。

1936年正月，弘一从晋江草庵移居厦门南普陀寺。在那里，佛友蔡吉堂居士请来医学博士黄丙丁，以电疗和药物为他治疗。到旧历五月，他终于脱离病厄。医药费总共五六百元，黄博士分文不取，弘一手书《心经》以谢。

生死之事，蝉翼之隔。他看得很淡。

来如春梦不多时，去似朝云无觅处。这就是人生。

人们说，世间之事，除了生死皆是闲事。

其实，生如花开，死如灯灭。于佛家，生死亦在度外。

这年正月尾，养正院开学，弘一坐上了讲坛。手脚还包着药和纱布，行动十分不便，但他尽量不麻烦别人。他为学僧们讲青年佛教徒应注意的四件事：惜福、习劳、持戒、自尊。这八个字正是养正院的校训。

他对年轻僧侣们讲印光法师的故事。人们问印祖，为何不吃些好的东西。印祖简单地说，福薄，不堪消受。其实，印祖并非福薄，而是持戒而生，习惯了素淡度日。弘一说，纵然有十分福气，也只能享受二三分，其余的留给别人或者留到日后，若能以己之福气，度他人之艰难，便是功德。

弘一自己，亦如印祖，过得极其简朴。脚上那双鞋，是民国九年，杭州某位出家人所赠，在他脚上度过了十六年；床上的棉被面子，是在杭州教书时之物，足有二十年了；他用的伞，是在天津时购得，那是二十五年前。总之，他穿的用的，多是十年以上的旧物，修修补补不忍舍弃。至于别人赠予之物，在非收不可的情况下，他往往是先收下，再转送他人。

一花一世界，一叶一菩提。

不滞于物，不乱于心。不为潇洒，只为空性。

修行，就是从物质的世界里走出来，遇见空灵的自己。

弘一告诉学僧们，入佛门，无论修什么派系，都要先学做人。为此，必须多读书，从先贤和高僧的训言中育化人格。然而，他所见的年轻僧人，大多数不愿熟读佛门经典，更不愿读圣贤之书。他们只喜欢，画禅画，写禅诗，以为这便是在修佛法。

3月，弘一在厦门发行的《佛教公论》月刊上，看到一篇题为《为僧教育进一言》的文章；在过去那年秋天，这份月刊上出现过题为《先自度论》的文章。这两篇文章署名皆为万钧。因其文字深入而犀利，立论基础无懈可击，针砭时弊极有见地，正是弘一欲言未言的意见。带着欢喜，弘一千方百计地查出了这位作者，为了表示赞叹之情，他还写了一幅字托人送给这位法师，是《华严集联》上的联句：开示众生见正道，犹如净眼观明珠。

5月，弘一写了两部经，分别是《药师如来本愿功德经》和《金刚经》。前者是为传贯法师亡母龚许柳女居士所写，五年后，经过影印流传，遍及大江南北佛教界；后者是为他早逝的学生金咨甫所写，附有徐悲鸿和丰子恺的画，到民国二十九年（1940），在国内和新加坡、菲律宾三地重新再版近两千部。这两部经，似老僧坐禅，了无烟火气息。

病愈之后，弘一于6月移居鼓浪屿日光岩闭关。他在这里住了六个月。日光岩香火鼎盛，香客终日不绝。喧嚷就在身边，他无法避开。

深山古刹，晨钟暮鼓，毕竟也是红尘的所在。

也好，心若宁静，处处皆是道场。

熙熙攘攘不断，他还是静静地完成了《道宣律师年谱》及《修学的遗事》。9月，夏丏尊给他寄来了《清凉歌集》初印版。世界书局编辑的佛学丛刊，也由弘一从日本请来的万卷藏经中，选出《释门自镜录》《释氏要览》《释氏蒙求》这三部中国人的佛学著作，由蔡丏因居士设计出版。

从夏天到冬天，日光岩的喧嚣从未停歇。

弘一就在这里，动中取静，丰满着自己的修行。

青山原不动，浮云任去来。纷扰之中，内心安然无恙，是他的莲欢。

自然安稳，随缘自在；不悲不喜，便是晴天。

风雨尽入禅心

天空和大地之间，有人打扫云烟，有人对酌风月。

如苏东坡所言，江山风月，本无常主，闲者便是主人。

心若能修到空明，便可宠辱偕忘，了无尘埃。名闻利养、爱恨情仇，我们所执着的种种，只如镜花水月，不过是幻影空花而已。什么都是看了就忘的风景，来了，就来了；去了，就去了。

柳宗元“千山鸟飞绝，万径人踪灭。孤舟蓑笠翁，独钓寒江雪”的禅境里，仍还有我。我是何物？不过是寒江、冰雪、无边的清冷；神秀“身是菩提树，心如明镜台，时时常拂拭，莫使惹尘埃”的佛偈，也还有我，不过此我已近无尘。

真正能达到无我的是六祖惠能，佛偈云：菩提本无树，明镜亦非台。本来无一物，何处惹尘埃。超逸一切，忘却一切，终成千古绝唱。佛说，不增不减，不垢不净，不生不灭，不来不去。心中无尘无我，便可风过无痕迹。

在日光岩，偶然的机会，弘一见到了十三岁的李芳远。这个孩子如未绽之莲，眉目清秀，话语轻灵，弘一觉得与他有缘，便收他为在家弟子。此后，每隔数日，李芳远就会来日光岩，听弘一讲书法和佛法。

后来，李芳远入私立福建学院，获法学学士学位。1947 年任厦门鼓浪屿中山图书馆馆长。弘一大师圆寂后，为了纪念先师，李芳远先后出版了《弘一大师文钞》《晚晴山房书简》等著作。

那个秋天，日光岩来了位不速之客。是个文人，清瘦的脸上，写着忧郁。有人说，他风流落拓的风范，很容易让人想到衰飒的晚唐气象：李商隐凄凉隐晦的缠绵绯恻，和杜牧年少轻狂的纵情任性。他喜欢饮酒，无论何时何地，总能喝得醉眼迷离。当然，流连风月也是他灰色人生中常有的行径。而且，他喜欢将自己狭邪生活用小说和日记的形式公诸于众，无所谓人们的褒贬。活就活得飘飘洒洒，这是他的态度。

说起他，人们能想起许多女性的名字，然后认真地翻出许多陈年旧事，以证明他风流成性，甚至说他是斯文败类。但其实，他是个很简单的人，虽有缺点，却是坦荡而真诚地活过。因为简单，所以落寞；因为纯粹，所以漂泊。

他叫郁达夫，是个多情种。在乱世里彷徨，在女人间流浪，他在诗中这样写：曾因酒醉鞭名马，生怕情多累美人。但他的人生，始终在寻觅爱情。走走停停之间，生命也就渐渐洇开成乱世悲歌，而那些曲曲折折的爱情，也从你侬我侬变成了蔓草荒烟。

不管怎样，在弘一大师的面前，他是无比谦卑的。独坐枯禅，无风无雨，面对这样的高僧，任谁都会谦卑。那日，郁达夫见到弘一，说心愿已了。弘一见他从进门到落座，举手投足间，有孤松气质，有带着几分悲凉，也没有多言。

两个人，数语的寒暄后，静静地坐了几个小时。无言，却已完成了对话。临别，弘一从关房内取出《佛法导论》《寒笳集》《印光大师文钞》等送给郁达夫。几天后，郁达夫寄来一首诗：

不似西泠遇骆丞，南方有意访高僧。
远公说法无多语，六祖传真只一灯。
学士清平弹别调，道宗宏议薄飞升。
中年亦具逃禅意，两事何周割未能。

可惜，郁达夫虽有悟禅之念，却不曾放下，在业海中浮沉，未能获得解脱。此后他到重庆，与王映霞分道扬镳，于是远走苏门答腊，从事抗日救国活动，终于将热血洒在了异乡。

寒冬，弘一离开鼓浪屿，回到厦门南普陀寺，在后山一间石室中闭关。那里，背靠禾山，面朝大海。白日的深林阔海，夜晚的渔火灯帆，都让他觉得安澜。他想在此隐居，当然，要看因缘。

1937 年春节，南普陀寺前旧功德楼里，弘一开讲律学课程《随机羯磨》。听众里面，除了养正院的学僧，还有瑞今、广洽等法师。从正月初一到正月十二，连续讲了十二天，弘一觉得气力明显不足。越是如此，他越想找个地方清修。

厦门大学教授李相勖，邀请弘一到厦大讲佛学，他婉言谢绝了。名利如浮云，他在俗时就看得很淡，此时修行多年，更是了无兴致。

对此，弘一说，名利如水向下流，你若动念，便会随波逐流，卷入漩涡，无法自拔。终究，普度众生，也要看因缘，强求不得。

诗人说，丹青不知老将至，富贵于我如浮云。

实际上，以佛眼看世界，诗酒丹青，亦是浮云。

能入心的，是微风细草，是叶落知秋。

正月二十八，蒙蒙细雨中，弘一独自下山，走入了厦门的集市。在一条僻静的街上，买了双胶鞋。店家看他是个面容慈祥的僧人，又见他僧衣上全是补丁，只收了他七角钱。回去的路上，不知从何处传来口琴声，竟是日本的国歌。当年在东京时，他和同学唱过这首歌。多年以后，国破家亡，那样的笛声，将眼前的细雨吹得凄寒不堪。

在养正院，弘一给众僧讲《南闽十年之梦影》。十载光阴，转瞬即逝。忆起来，不算圆满，却也不觉得遗憾。月有圆缺，花有开谢。有缺憾的，才叫人生。苦修近二十年，他自然懂得，顺其自然的道理。

他给自己起了个别号，叫“二一老人”。白居易有诗云“一事无成百不堪”，吴梅村临终言“一钱不值何消说”，两句诗的开头都是“一”，他便以此做了别号。他告诉座下的学僧们，南闽十年，虽不完满，倒也算心安。十年的风雨漂泊，尽入禅心，成了此时话语中的素淡。

这个春天，弘一计划去南洋弘法。南闽有个奇僧名法空，出生于惠安，十六岁削发为僧，发誓入佛道。严冬来时，不戴僧帽，不穿僧履。民国七年，法空随缘来到马来半岛的槟城，在岛上建观音寺。不久后，又建动物园一所，收集世间珍禽异兽，屋舍堂皇美丽，很快就成了游客胜地。

法空之奇，在于能通兽言鸟语，与虎、豹、豺、狼相处，摩抚依偎，亲如家人，这些猛兽也愿意服膺他的召唤指使。因此，法空的大名远走，马来亚诸邦以及欧洲人来槟城游乐者，都会求见他。

而且，法空还能写古人书法，大笔如椽，龙飞凤舞；魔术、拳击、内功催眠术也无所不精。于是震动了槟城，只要是逢灾害、建学校、兴善事，告诉法空禅师，慈悲的他便会欣喜支助，凡有所求，不论多少，都是满愿而归。因此，槟城、马来的报章，时有法空奇闻。民国二十年（1931），法空回到故乡南闽，以千金布施寺庙，供养同道；又以书法，广结法缘。五十九岁时，法空圆寂。

1936年，弘一为法空写过传记。奇僧的奇迹，就此在弘公笔下长远流传。法空性情奔放，却能谨守戒律；行迹豪放，举止任侠，却始终不忘慈悲。他的随意不羁，是弘一永远都学不来的。即使是多年前，与风花雪月为邻时，那个叫李叔同的男子，也没有法空那种狂放的江湖气。

尽管如此，弘一还是想远赴南洋，以佛法教化当地僧侣和民众。他不想做传奇，只想以寂静，普度众生。他的计划是，先去新加坡，再去暹罗、菲律宾、马来西亚。事实上，广洽法师已于这年离开厦门，赴新加坡弘法了。可惜，战乱发生，弘一未能成行。

事与愿违，才是世间常态。

因缘未俱，只好随缘。反正，人间处处，皆是修行之所。

计划落空，泉州开元寺的会泉长老邀他去中岩结夏，那里环境清幽僻静，相传是郑成功少年读书之地。只是，因为房屋正在修葺，弘一先住在万石岩。那是 1937 年 4 月。

由于肺病复发，弘一在厦门《佛教公论》上发表启事："余此次到南普陀，获亲近承事诸位长老，至用欢幸。近因旧疾复作（肺病），精神衰弱，颓唐不支，拟即移居他寺，习静养病，若有缁素过访，恕不晤谈；或有信件，亦未能裁答，失礼之罪，诸祈原谅！"希望以此断绝外界的扰搅。

此时，青岛湛山寺的梦参法师千里迢迢来到万石岩，请弘一去青岛过结夏期。尽管从厦门到青岛，要在海上漂流六七天，但因盛情难却，弘一便放弃了在中岩结夏的念头，决定北上。去之前，他向梦参法师提了三个要求：不为人师、不开欢迎会、不在报章发表新闻。1937 年 5 月，弘一离开厦门赴青岛，同行的是传贯、仁开、圆拙三位法师。

船行海上，仍是生命的泅渡。

夏风徐徐。浮云与流水，各有归属。

若欲了时无了时

黄庭坚说，笔端悟得真三昧，便是如来不二门。

书至绝尘，自会如禅：青青翠竹，皆是法身；郁郁黄花，无非般若。

写字这件事，追寻某种碑帖，注重笔画铺排，难免多有束缚。若能超越书理和要求，无笔无锋，无势无骨，无横竖撇捺，但却神采生动，气韵流畅，法象自然，适眼合心，才是书法至高境界。

超越俗世规则与方法，才能拥有真正的灵动圆融之美。古人将自然、没有雕琢痕迹、没有烟火气息的艺术作品，称为逸品，并将其置于神品、妙品之上。

结夏期间，弘一在寺中写字结缘。湛山寺上百位僧人，都得到了他的手书，上面是四个字“以戒为师”。还有个别求字的，他便写《华严集联》和《寒笳集》里面的警句。此时他的字，有仙意，自在如鹤，有孩童的稚趣。那是返璞归真后的天然绝逸。

到湛山寺的第四天，弘一在下院讲了“三皈五戒”，其后又讲《律学大意》。旧历五月底，正式开讲《随机羯磨》和《四分律戒相表记》。因为体力不支，到后来，便由仁开法师代讲。

没过多久，卢沟桥事变发生。日本侵华战争全面爆发，青岛也成了是非之地。他的俗家弟子蔡丏因由上海去信，劝他离开青岛。但他，还是决定按计划，于中秋节后回厦门。国难当头，战火弥漫，他不躲不避。修行之路，寻的便是这样的清定。

朱子桥有事来到青岛，听闻他在湛山寺结夏，便来拜访。他如愿见到了弘一，而同行的青岛市长沈鸿烈，却吃了闭门羹。次日，沈鸿烈设宴，邀请弘一，得到了却是一幅字，是宋代惟正法师的《谢筵诗》：为僧只合居山谷，国士筵中甚不宜。

结夏期结束，北方已秋凉。中秋后，弘一离开青岛南下。经过上海，弘一与老友夏丏尊重聚。淞沪会战早已开始，战火之中，僧俗两人淡淡地说着从前。年华都已老去，只有知己之情还在残破年月里，透着几分年轻。

离别时，夏丏尊问何时回来。弘一说，要看机缘。

机缘，生长在无常里，往往可遇而不可求。

深秋，弘一回到厦门，那里也是战事四起。许多人劝他避乱，他默然辞谢，誓与寺院共存亡。他在门上贴了横额：殉教堂。传贯法师已回安海老家探望老父，从苏州来的妙莲法师，随弘一随缘挂单。

中岩已修葺好，弘一便来此掩关。他的关房南北，分别住着文心法师和会泉长老。他很少说话，与文心法师，虽同住寺中，见面也不过是合掌致意而已。

转眼已是残冬。弘一要去泉州晋江草庵，临行前，经过文心法师关房，见里面除了经书以外几乎别无他物，显得空洞寂寥，便将自己栽种的剑兰、秋海棠、天竺竹，悄然间搬了进去。室添花意，他有余香。此中美好，无需对谁说起。

1938 年初，在晋江草庵，弘一在讲《华严经普贤行愿品》时，对众僧说：“我没有太多奢望，我很贫乏，没有福报，不久便要离开人世了，今年忙完，明年要闭门谢客了。”流年如刀，他纵有佛心，身体却满是岁月的痕迹。

在草庵讲经结束，他又来到泉州承天寺，继续讲《普贤行愿品》。讲经时，他劝听众发心念诵多遍，为国难中的逝者回向。其后，他又到开元寺。他似乎从来没有这样频繁地行游过，足迹至处，总有无数人追随。

那几个月，他除了行路便是讲经。从泉州到惠安，从漳州到东乡，一路走过去，见断壁残垣，哀鸿遍野，他总希望，佛法能给众生和大地，以片刻的安宁。除了讲法，他也写字结缘，几乎是有求必应。能得弘一大师真迹，无疑是人生幸事。因此，许多佛偈在他笔下，成为中堂和条幅，挂在人们的厅房。数月间，他写了几千幅字。

文字之相，本不可得。以分别心，云何测度。
若风画空，无有能所。如是了知，斯为智者。

这是弘一大师的偈语，说的是书法，却也是禅理。

多年以后，写字已如悟道，稚拙纯净的笔意中，尽是流水行云。

走笔如风，似画又空，世事如字，皆在有无之中。

到漳州的时候，厦门失陷。他最初住在南门外南山寺。但是不久后，天气突然炎热起来，经南山寺严持法师介绍，他到东乡瑞竹岩避暑。这年闰七月初，弘一回到漳州，接到了丰子恺从桂林寄来的信。

信中说，夏丏尊最近因孙儿之殇，有些心灰意冷。丰子恺希望弘一回内地弘法，由他来供养。弘一谢绝了弟子的好意，因为他感觉生命已将西沉。同时，他给夏丏尊写信，说世事皆空幻，劝他看淡。

旧历七月十三，是他剃染二十周年的日子。结束了避暑生活，弘一回到漳州城内龙溪尊元经楼，用了十九天时间，宣讲《阿弥陀经》，这形成了在漳州讲法的高潮。他的听众不仅有僧人和百姓，还有军人和知识分子。这次讲经结束后，许宣平居士求字，他是带着厌离之心前来的。弘一手书宋代云峰禅师的佛偈赠他：

即今休去便休去，
若欲了时无了时。

9月，结束了三年闭关的性常法师来到漳州，接弘一回泉州。从漳州到泉州的路，几乎全被中国军队破坏，以阻碍日军的入侵。走到哪里，弘一便在哪里讲经，在龙溪讲，在安海讲，直到初冬，他们才回到泉州。弘一住在承天寺，还去清尘堂和光明寺讲了《药师如来法门修持方法》。

回到泉州后不久，承天寺来了位重要客人。或者说，弘一迎来一场在许多人看来很不简单的邂逅。然而，在他看来，却是寻常。来的人是钱东亮少将，他是泉州防区司令，以治军严，闻名于世。

而且，他是个嗜杀之人，对于汉奸肖小，经常是杀无赦。因此，他有个绰号叫阎王。

钱东亮的司令部就设在承天寺附近，国破家亡之际，见佛寺烟火缭绕，僧人们诵经念佛，他很是不满。如许多对佛教有误解的人，在他看来，战乱年代，僧人闭目念经，是国家的不幸。但其实，僧人也并非如人们所言，乱世时关门避祸，他们只是戒杀而已。淞沪战役时，宏明法师带着百余名僧人在前线出生入死，救助伤兵，保护难民，其中有不少血染袈裟。

在泉州，弘一之名无人不晓，人们几乎将他视为生佛。对此，钱东亮也很不以为然。他很想看看，被人们捧得神乎其神的弘一法师，是否徒有虚名。某天傍晚，他突然进入承天寺，说要与弘一谈论佛法。执事带着几分忐忑，将此事告诉弘一，他只是微微点头，并约定了时间。

那日，钱东亮少将衣着整齐地走入山门，几许冰冷，几许傲慢。他被寺里的僧人请入会客室，香茗已经备好。但是吸引他的，却是四壁上的佛偈。飘逸的字迹似能离纸而出，走到人心里，化作无上清凉。

片刻后，僧人走了进来。身形瘦长，了无声响。灰色的僧袍，裹着的是凡人之躯。但那神情里，满是离尘的温和。瞬间，钱司令的肃杀之气便消失无踪了。

两人坐定，寒暄数语。原本气势逼人的钱东亮，在弘一大师面前，几乎有些唯唯诺诺。其实，何止是他，任何人在这样的高僧面前，恐怕都只有沉默的份。弘一悲悯地看着面前这位司令，静静地说："杀，是不好的，上苍忌杀，佛法忌杀。司令还是远杀的好。"然后便不再说话，只是低头默念佛号。半个时辰后，钱司令起身，合掌告辞，很是谦卑。戾气和傲气，已被化解于无形。

对于弘一来说，这场会面，只如清风过耳。

拈花不语，云淡风轻。是他寂静的模样。

或许，铁马金戈，敌不过春风化雨。

残冬，从前的学生，现任安溪县长的石有纪到访，是个黄昏。弘一让身边的广义法师点了灯，昔日的师生，就在狭小的关房里见面了。那时候，他为许多年轻人点亮灯盏。多年以后，孤灯点起，近处是僧俗两人，远处是天下众生。

石有纪告诉他，经子渊已逝。弘一淡然地说，万事皆空。

往事，浮起又落定，在各自的心里埋得很深。

月色下，他望着曾经的学生走入夜幕。

不念过往，他心似莲花。

山中岁月无尘

数日后，石有纪在安溪收到了他寄出的《华严经》偈句。

另外，还有一幅字，是唐朝李益的《喜见外弟又言别》：

十年离乱后，长大一相逢。
问姓惊初见，称名忆旧容。
别来沧海事，语罢暮天钟。
明日巴陵道，秋山又几重。

石有纪走后，弘一被叶青眼居士请到温陵养老院讲经。此次听经的人，是养老院的董事和老人，弘一讲的是念佛法门。本来只是平常讲经，但其中有个插曲，颇显弘公行事风格。那天，他走上讲台，准备开讲念佛因缘，听众突然乱了起来。

原来，是有个来头不小的军人在场，叶青眼居士忙着应酬，导致了混乱。见此状况，弘一当即停止讲法，回到华珍室，准备返回承天寺，瑞今法师劝了许久，他才留下完成了讲法。对他来说，道场是清净之处，不该有世俗之事。

回到承天寺后，收到李芳远从永春寄来的信。在信中，李芳远问他，以前独来独往，随意栖止，为何近来到处演讲，经常参加宴会。他有些惭愧。于是，1938 年底，他在承天寺为佛教养正院的学僧讲了最后一课，题为《最后之忏悔》。

此为他的告别演讲，那些年，说是云水僧，行脚天下，度化众生，却总是逃不开见客及宴会。他发现，僧俗相隔不远，纵是大德高僧，也不能完全脱却名利。忆起那些年的经历，尤其是这年四处讲法之事，他说，自己是个埋头造恶之人，因不曾放下名闻利养，以致于到现在所做之事，大半支离破碎不能圆满。

最后，他以龚自珍的诗句作结：吟到夕阳山外山，古今谁免余情绕。

夕阳无限好，只是近黄昏。这般境况，最是难以消遣。

岁月是个雕刻家，无论完不完美，我们都凿痕累累。

只不过，凿痕之上，可以落尘，可以生花。

结束了整年的奔波，弘一在泉州度过了春节。这时候，在闽南这片土地上，弘一可谓家喻户晓，古刹寺院，文教机构，都以他能去小住几日为幸事。无论他身在何处，慕名来求字问道者总是络绎不绝。来了便是有缘，他很少拒人于门外。

为了远离人群，他决定找个地方掩关，将自己安放于寂静。元宵节后，他在泉州城郊清源山闲居二十余天。回到承天寺的时候，已是春暖花开的二月。寓居泉州的扬州书生黄福海前来求字，见他沉静中不失风雅，弘一爽快地答应了。此后的十余天，书生得到了多幅字，还与弘一合了影。那张照片，书生保存了半个世纪。在弘一赠他的字里面，有韩偓《与僧》这首诗：

江海扁舟客，云山一衲僧。

相逢两无语，若个是南能。

萍水相逢，尽是红尘之客。书生不语，老僧亦沉默，相逢即是机缘。

此时的老僧，多年前亦是书生，意气风发的年月，满心快意潇洒。

相对不语，就像是与曾经的自己，对坐参禅。

南能，指的是禅宗六祖慧能。老僧借诗自谦，意思是，他虽僧衣在身，未必比布衣凡人更接近真佛。或许，最后大彻大悟的，反而是面前这书生。

晋江上游的永春西乡，蓬壶山间幽隐着古刹普济寺，虽年久失修，寺庙有些荒凉，但是静默绝尘，弘一决定前往此处清修。1939年4月15日，六十岁的弘一到永春，随他前去的还有性常法师。入山闭关之前，他分别给夏丏尊、丰子恺、蔡丏因等人去信，说他要谢绝外缘，入山清修。

到永春之初，弘一住在城东桃源殿。在欢迎他的人群里，有他的小弟子李芳远。这个十六岁的少年，天资聪颖，诗文俱佳。更重要的是，他身上有一种超越年龄的淡泊之气。几天后，弘一在桃源殿讲说《佛教的简易修持法》。

因体力已弱，只讲了一个小时便结束了。事实上，此后他讲法，时间都不长。李芳远作了现场笔记。这篇讲稿，不多时就在永春印了数千份。拥有者，都觉得是佛缘。

毕竟是为了掩关，不久后弘一便来到了蓬壶普济寺山中。不过，他并没有住在寺内，而是住在林奉若居士为他安排的茅屋里，饮食起居，由林居士照料，他为茅屋取名为梵华精舍。林居士在这里盖了两间茅屋，隐居学佛，已有数年。弘公能来此，他自是欣喜万分。偕同前来的性常法师，则住在普济寺下院。

离群索居，深入简出，正合弘公心意。

山花落尽山常在，山水清空山自闲。这般禅境，他喜欢。

四月人间，繁华正好。山中岁月，了无尘迹。

初来时，山鼠肆虐，不仅夜晚窸窣不止，白昼亦是到处招摇。在弘一写的《饲鼠》这篇文章里记载，当时老鼠极其猖獗，不仅啃书，啃僧衣，甚至连佛像都啃。更令人头疼的是，它们还会在佛像上留下粪便。

苏轼有两句诗：爱鼠常留饭、怜蛾不点灯。这是出家人的慈悲。弘一心知，山鼠终日戚戚，无非是在寻活路。佛法普度众生，能给这些生命以照拂，也算是功德。于是，他用一只小盆，留了约一只猫食量的饭食，置于墙角，早晚两次。如此，山鼠有了吃食，便不再侵害他物了。

饲鼠的饭食，都是从他自己的斋饭里省下来的。每次放好小盆，他还会轻轻为那些生灵念《往生咒》，愿它们在经历轮回的时候，不再入畜生道。在山中住了五百多天，他竟然喂了四百多天的老鼠。后面那些日子，人鼠相安无事。

闭门山中，弘一陆续编著了《盗戒问答》《南山律在家备览略编》《华严疏分科》《药师如来法门一斑》等书。与佛法结伴，岁月清寂而丰盈。

夏天，山居清凉，弘一已适应了山中生活，便决定从阴历六月二十（即观音菩萨成道日之次日）开始，正式在山间掩关。他交代性常法师，寻常信件原路退回，极重要者，由性常法师代回。

尽管，弘一闭门谢客，但李芳远因为牵挂他的身体，还是于旧历六月底入山。两人见面，并无多少言语。莫逆于心，无需多言。李芳远临走，弘一用篆文写了幅横额赠他：

问余何适，廓而亡言。
华枝春满，天心月圆。

少年李芳远，并未参透其中真意，弘一也不解释。

如他所言，他的字即是佛法。

旧历九月二十，是弘一六十岁生辰。上海的《佛学半月刊》，澳门的《觉音月刊》等刊物，都为他出版了祝寿特辑。只是，他并不知晓。对他来说，与这些俗事相比，还是山居的日子，见山见水，更有意趣。

在这之前，丰子恺完成了六十幅护生画，祝恩师的六十寿诞。这组护生画，是他们最后的协作弘法成果。弘一为新的护生画写了《护生画集续集题词》，丰子恺将它与画稿一并寄给了上海佛学书局李圆净居士。《护生画集》第二集如当年之约定出版了。可惜，后面的几集，丰子恺矢志不移地完成了，弘一却没有看到。

入秋以来，山中寒气逼人。花甲之年的弘一，旧疾日甚。肺病复发时，他只能用枇杷膏缓解。总之，他的身体大不如前，已不能如从前那样早起。从前每日两餐，如今只吃早餐。而且，基本取消了干饭、面食等，代之以米粥或蒸烂的地瓜。尽管如此，他并不将身体状况告诉别人。生死只在刹那，于他便是，步步求生，却又时时可死。

因为与世隔绝，甚至连知交夏丏尊也收不到他的只言片语，人们便不免猜想。冬天，上海某报纸报导说，弘一大师已在闽南永春山中圆寂。为此，林奉若居士不得不出来辟谣。紧接着，澳门的《觉音月刊》报导说，弘一在山中闭关，专注于佛法钻研和律学著作。

这并非虚言。1940 年春夏之间，尽管病体虚弱，在编著大部律学著作的同时，弘一还完成了《受十善戒法》和《为旁生说三皈依略仪》等冷门佛学著作。

1940 年旧历七月二十九日，弘一结束了掩关。次日，永春王梦惺居士带着佛友来山中探访。那天正是地藏菩萨诞生之日，细雨之中，弘一撑着虚弱的身体，为他们讲了半小时的《普劝净宗道侣兼持地藏经》。这是他生平最简短的讲词，由王梦惺居士笔录，不足两千字。

深秋，南安境内洪濑灵应寺的住持定眉和尚，邀请他前去度岁。他自忖耐不住山中的第二个冬寒，便决定到洪濑去。这年 11 月，结束了山居，弘一离开了蓬壶。

扁舟一叶，秋风满怀。悲欢离合，尽在风波里。

山在水湄，水在山间。拨开迷雾，沧海俱清明。

在对岸等着他的，是十七岁的李芳远。因为投缘，每次见这个少年，弘一都会欣喜。然而，相聚不久，他们便又挥手作别了。少年在岸上，目光温热，如他扁舟来时；老僧在水上，孤帆远去，不知何日归来。分别的地方，是冷水村木渡桥。

花开见佛

千古聚散，皆归尘土；半亩心田，只植梅花。

如此，便可花开见佛。婆娑尘世，处处皆有佛。

天涯路远，一叶扁舟是佛；夜雪纷纷，红泥火炉是佛；荒年冷月，清茶淡酒是佛。色彩纷呈的世相，朴素是佛；动乱喧嚣的日子，平安是佛。流年之内，守心自暖，可以见佛；繁芜之中，静待花开，亦可见佛。

到灵应寺时，已是万家灯火。弘一离开永春的消息不胫而走，由因为洪濑与泉州、南安等地相距不远，很快就有很多人来求字了。善梦，是他在灵应寺写佛偈时的别号。酬对数日，他又开始清修，来客与信件，皆被拒之门外。

距灵应寺不远的地方，有个茅棚，那里住着个年轻僧人慧田。某天，两个人邂逅，慧田告诉弘一，他曾是泉州佛教养正院的学僧，听弘一讲过《一梦漫言》。大概是受见月大师行脚生涯的感化，慧田只身来到灵应寺附近山中开荒，居于旧室，取名水云洞，过着亦僧亦农的生活。

水云洞虽然简陋，但足以摆放清净。数日后，弘一便搬到里面，开始山居日子了。慧田将自己的门板床让给弘一，他则打地铺。慧田耕作时，遇到品相不好的萝卜，便会随手扔在田里。弘一悄悄拾起，简单洗洗，撒点盐，吃得津津有味。所谓的道，就在其中。

山中悟道，云间坐禅，来时无声响，去时无踪迹。不说浮生，只因浮生如梦；不说聚散，只因聚散已空。广植净莲，心如大海，那是对世间众生的慈悲。他是弘一，风尘满病颜，却只是皮相的磨折。心中无我，自能安闲。就如寿延禅师笔下所写：

孤猿叫落中岩月，野客吟残半夜灯。

此境此时谁得意，白云深处坐禅僧。

人间跋涉，步步生莲，这便是弘一。在水云洞度过春节，他回到了灵应寺。静修之中，春江水暖了，陌上花开了。故事里头，有儿童急走追蝶，有少年听雨歌楼，有青春作伴还乡，有花落朱颜辞镜。人们说，那是从前。

那里，有个叫李叔同的才子，从北方到南方，从雨巷到亭台，诗画在手，痴情在心。然后，蓦然转身，将半世风流，还给了过往。现在，几许莲欢，别了春朝，他已在初夏。

1941年5月，弘一离开灵应寺，带着虚弱的身体，和坚毅的佛心，来到了晋江檀林乡福林寺。这所禅院规模不小，而且清静安详，弘一在闽南十余年，竟是首次来此。驻锡于此的，还有妙莲、传贯等法师。弘一将同他们在此结夏。

这个夏天，弘一除了悉心念佛，也给福林寺的僧众讲律学。除此之外，他还编定了自己的著作《随讲别录》和《晚晴集》。偶尔，他也会想同修佛友讲印光大师之行谊。人生迟暮，仍有日薄西山的散淡温暖。

黄福海听说弘一到了檀林，便独自来到了福林寺，是个细雨疏疏的日子。与佛学修为相比，他更崇拜弘公的艺术成就。寒暄之后，他问弘一写字之法，弘一说，写字即写心。说完便不再说话，两个人进入了长久的沉默。

看着面前打坐的老僧，黄福海似有所悟，法无定法，写字亦然。有了方法，有了规则，便没有了飘洒与自然。几天后，黄福海收到了弘一托人送去的一幅字，是韩偓的诗：

炊烟缕缕鹭鸶栖，
藕叶枯香插野泥。
有个高僧入图画，
把经吟立水塘西。

冬天，传贯法师从泉州带来一束红菊花。此花色红如血，娇艳可人，弘一甚是喜爱。想起不久前柳亚子寄来的两首诗，提笔作偈：

亭亭菊一枝，高标矗晚节。
云何色殷红，殉道应流血。

柳亚子寄来的两首诗，题为《旧友李息霜六秩寿》，分别为："君礼释迦佛，我拜马克思。大雄大无畏，迹异小岂殊"；"闭关谢尘网，吾意嫌消极。愿持铁禅杖，打杀卖国贼。"两个信仰，两种态度，他早已不是昔年的李息霜。壮怀激烈，挥斥方遒，都已不属于他。他有的，是悲悯与清净。

深冬，受到泉州佛教界的再三邀请，弘一回到泉州，先住在百原寺，后住在承天寺。寺庙粮道因战乱濒临危境，大都处境艰难。开元寺原本靠南洋转道法师维持，现在受太平洋战争影响，经济来源断绝，几乎难以为继。

正巧此时，上海的刘传声居士，想到弘一在闽南修行十余年，兵荒马乱年月，担心他断了口粮，便寄来一千元以作供养，请承天寺的广义法师转交给弘一。实际上，自出家以来，弘一从来不受别人供养，即使是好友弟子的资财，也全部用在佛事上。他让广义法师将钱退回，但是到上海的交通已经断绝，无法寄回。

最终，弘一将这笔钱转赠开元寺，充作道粮。其后，他又找出一副白金水晶眼镜，也赠给了开元寺。这是十年前夏丏尊所赠，十分精致，装在特制的皮盒子里。那些年，尽管因为写经和研律，他用眼过度，视力每况愈下，却始终没有戴过这副眼镜。出家人简静为要，严忌修饰，他谨记于心。这副眼镜埋没多年，此时拍卖了可估五百元，倒是有了用武之地。

名闻利养，他都远离，生怕梵行有损。

他之所爱，无非是，古刹寂静，云水禅心。

又或者，爱无所爱。心已空性，所见皆尘烟。

即使如此，因为他在泉州受到许多人的欢迎，李芳远来信说，此类事情都该远离。这个年轻人，对弘一无比崇敬，也正因如此，总希望他心目中的这位高僧，远离人群，全心修法。李芳远在信中说："听闻您最近由乡下回到泉州，当地官绅定会盛情欢迎。以您的法体与德行，真不该受这些名闻利养的侵扰。大师以梵行坚决而感动人天，务请珍重，悉心摒弃外缘，一心念佛，以了生死。"

这个年轻人，因为灵慧，弘一对他偏爱有加。他信中所写，亦是弘一心中所想。他的信，弘一看得很仔细，而且很快就给他回信说，虽无名利之心，但行走于人群，还是觉得惭愧，近日即将重返禅院。他并非敷衍，虽然对方只是个涉世很浅的青年。事实上，弘一对任何人，都无比真诚，不带半分虚假。不久之后，弘一又从开元寺回到了晋江檀林。

已经是 1942 年初春，生命已到尾声，他还走在路上。

于他，佛火经卷是路，山水云烟是路，沧海桑田也是路。

六十三岁的弘一，依旧是病体缠身。他能感觉到，生命已到了尽头。3月，在给李芳远的信中，他这样说道："朽人近来病态日甚，不久便生极乐世界，犹如西山落日，殷红彩绚，瞬即西沉。未圆满的身后事，深盼仁者继续完成，我虽凋谢，亦无憾矣！"

其时，已由安溪调任惠安的石有纪，希望他结束奔波，欲接他到惠安养身。弘一与他昔日的学生约定：君子之交，其淡如水；不迎不送，不请斋宴；过城不停，径赴灵瑞山。他离开檀林，到了惠安。讲了数次经，又回到了泉州。

温陵养老院，是他最后栖身的地方。这里，有他的晚晴室。

天意怜幽草，人间爱晚晴。夕阳西下，无风无雨。

人生的最后，幸好，还有力气听禅。

所谓禅心，不在别处。落雪时的几朵梅花，烟波里的几片涟漪，日光下的一壶清茗，原野上的一树菩提，皆是禅心。我想，禅心应该是，寂静山林拣尽寒枝，孤舟柳岸江雪独钓，红尘路上匆匆来往，风雨江湖快意恩仇。

你坐禅内，心在尘外。你处尘间，心在禅中。

正所谓，不言即佛，不语即禅。

禅到深处，是无禅。

悲欣交集

素履之往，彼岸莲开。

经过人间，看景风景，唯灵山是归途。

将深情走成寂静，世事山河，浮生幻梦，尽入行囊，却又轻轻抖落，只剩澄澈的自己。如此走过，便是不负似水流年。万古的明月，刹那的灯火，在故事里自饮阑珊。离合悲欢，桑田沧海，于是有了落脚的地方。

纵有红颜，百生千劫，难消君心，万古情愁。
青峰之巅，山外之山，晚霞寂照，星夜无眠。
如幻大千，惊鸿一瞥，一曲终了，悲欣交集。

许巍的歌曲《空谷幽兰》里，有这样的词句。这首歌是为弘一大师所写，词句空灵，曲调清雅，听来大有洗尘之感。只是，歌者仍在大千世界寻找他的蓝莲花，歌中之人早已转身去了别处。这首歌被唱起的时候，距离弘一圆寂，已过去了七十年。

那个春天，弘一与画家顾一尘在泉州百原寺见面。以往都是别人慕名而来，这次，竟是他想见见这个久未谋面的画家，于是让广义法师将其请了来。顾一尘匆匆地去了，见到的弘一，面容清瘦，声音低沉，却是欢喜的。故友重逢，不说过往，弘一吟出了明代石屋禅师的诗句：

过去事已过去了，未来不必预思量。

只今便道即今句，梅子熟时栀子香。

顾一尘不曾皈依佛门，他们只是方外之交。那日他们相见，亦是言语不多。但是，他却从这诗句里体会到了洒脱与坦然。过去事，无需记得；未来事，何必劳心。此时此刻，随缘即可。落日西沉的时候，弘一是安详的。

1942 年旧历三月二十五日，弘一再次住进了温陵养老院，妙莲法师随侍左右。弘一为他的居室起名为晚晴室，妙莲住得不远，便于照料。弘一依旧过午不食，直到生命最后。暮春时节，落花满蹊，他独有清欢。花落水流，都是过场。

对于那些慧性不浅的年轻人，他还不忘指点。在给李芳远的信里，他如是说："仁者春秋正富，而又聪明过人，望自此起，多种善根。精勤修持，当来为人类导师，圆成朽人遗愿。"

5 月，他给黄福海写信说："人生事事皆可伪为，独临死之时不可伪为。况其无爱恋之情，有悦豫之色，安坐而逝。若非净业成熟，曷可臻此。礼诵持念，种种修持，皆当以诚敬为主。经中所说功德，纵不能圆满，而其所得亦已难思议。若无诚敬，则与唱戏相同，苦乐悲欢皆属假装，不由中出。"

始建于晚唐的福州怡山常庆寺，经过十余年的重修，不仅建了佛堂，还有了放生池。这年六月，放生园工程竣工后，弘一不顾病体，手书近千字的《修建放生园池记》。这是他最后遗作，此后再未写过完整的文章。

夏末，王梦惺居士再次请弘一往永春弘法，并寄来旅费。弘一婉谢，退回了旅费。那段时间，他完成了之前断断续续撰写的《佛说八大人觉经释要》。中秋节，他来到开元寺尊胜院，用了两天时间，为众僧讲《八大人觉经》，由广义法师译为闽南语。平缓的语气里，尽是尘埃即将落地的安然。

秋夜无尘。萧萧的晚风里，总有故事带着几分圆满。

有人说人生长恨，有人说岁月如歌。

月光多情，照落花，也照人无眠。

那样的夜晚，弘一或许也曾数点人生。不过最终，往事都归了梦境。江南白马湖畔，晚晴山房空等多年，未见高僧拄杖归去。除了那里，还有许多地方，他都想过终了余生，却都随了因缘。

中秋次日，他回到温陵养老院，讲了《净土法要》。六天后，应转逢和转道两位法师之请，又写了两幅大柱联。搁笔的时候，他再次病倒，知道时日无多。尽管如此，此后的三四天，他还为晋江中学的学生写了上百幅《华严经》佛偈。他的愿望很简单：不为自己求安乐，但愿众生得离苦。其后，他决意断食，只是喝水维持。知道即将往生，日日都在诵经。

许多事都已成空，也没什么需要交代。旧历八月二十八日，弘一将妙莲法师叫到晚晴室，写下了身后的嘱托：“余于未命终前、临命终时、既命终后，皆由妙莲师一人负责，他人无论何人，皆不能干预。”写完，又在纸上盖上私印，叮嘱妙莲法师，谢绝吊问。次日，他又向妙莲交代了圆寂后助念等事。他要妙莲法师特别注意两件事：

首先，助念之际，若见他眼中流泪，乃是悲欢交集所感，非是他故，不可误会；其次，入龛时只穿旧短裤即可，将常用之小碗四个带去，填龛四脚，盛满以水，以免蚂蚁嗅味走上，致焚化时损害其生命。

旧历九月初一，应黄福海之请，他题字两行：吾人日夜行住坐卧，皆须至诚恭敬。是蕅益大师之语。这天傍晚，夕照如禅，空明于心，他认真地写下了四个字：悲欣交集。墨由浓至淡，如前尘过往。然后，又在左侧加住三字：见观经。

这些字，点划纵横错落，结体已非往昔的严谨，但分布井然，过渡自如。笔情墨性之中，似有悲怆，却又满是恬然的韵致。最后的句号，墨色饱满，归结了人生，是绝笔中的绝笔。

悲欣交集。对于此四字，后来的人们从未停止推敲寻觅。而他，早已带着几分欢喜，了无遗憾地远去了。若非要注解，大概可以说，悲的是众生的迷惘，欣的是自身的了然。

大空法师说，大师之悲，是悲众生之沉溺生死，悲娑婆之八苦交煎，悲世界之大劫未已，悲法门之戒乘俱衰，悲有情之愚慢而难化，悲佛恩之深重而广大。总之，他之悲，乃是为慈愍众生而起的称性大悲；大师之欣，是圆成佛道，往生净土的欢喜。

那天，他将这最后绝笔连同几封早已写好的信，交给了妙莲法师。信是写给夏丏尊、丰子恺、刘质平等人的。信的内容相同，言他已圆寂，只是圆寂日期空着。意思是，待他去后，再由妙莲法师填写。信里面，附了佛偈两首：

君子之交，其淡如水。执象而求，咫尺千里。
问余何适，廓尔忘言。华枝春满，天心月圆。

夏丏尊等人收到信的时候，他已离去多日。知交也好，弟子也好，最终不过是见字如面。然后，在他的偈语里寻思，他是圆满而去的。最后不曾见面，于他们是遗憾，而那绝尘之人，却是无悲无喜。执象而求，咫尺千里。反过来，放下执念，便是千里咫尺。见与不见，亦无分别。

1942年10月13日（旧历九月初四），是弘一圆寂之日。夜色下，妙莲法师助念《普贤行愿品》：“如是虚空界尽，众生界尽，众生业尽，众生烦恼尽，我赞乃尽，而虚空界乃至众生烦恼，无有尽故，我此赞叹无有穷尽。念念相续，无有间断，身语意业，无有疲厌……”弘一缓缓向西侧身，双腿端叠，左手自然垂于腿上，右手支颐。去的时候，是佛祖涅槃的姿态。

人生如朝露，去日尽浮云。六十三年，只是刹那。

独来尘世，独往灵山，算来只如一阵风尘。

圆寂后七日，大师遗体在泉州承天寺荼毗。妙莲法师与叶青眼居士，有相同的记述，荼毗时，悠然异彩如虹，从窑门跃出，炽然照耀，须臾散去。百日后，妙莲法师在骨灰中捡出一千八百粒舍利子，有赤橙黄绿诸多颜色。只是这些，都与他无关了。

长亭古道，芳草连天，仍有残笛，声断夕阳；人间陌上，浊酒梦寒，仍有知交，零落天涯。云水之间，深山古刹，仍有人来来往往。只是，不再有他。

半生的风流，给了过往；半世的禅心，付与烟云。

他走得阒寂。身后的红尘岁月，自有别人落笔。

莫问他去了何处。欲了终难了，无处即归处。

随园散人

2017 年 6 月，于丽江

图书在版编目（CIP）数据

半生红尘，半世空门 : 李叔同传 / 随园散人著. --
南京 : 江苏凤凰文艺出版社, 2018.7(2023.3重印)

ISBN 978-7-5594-2063-3

Ⅰ. ①半… Ⅱ. ①随… Ⅲ. ①李叔同（1880-1942）
-传记 Ⅳ. ①B949.92

中国版本图书馆CIP数据核字(2018)第094213号

书　　名	**半生红尘，半世空门：李叔同传**
作　　者	随园散人
选题策划	鲤伴文化
责任编辑	姚　丽
特约编辑	魏　佳
责任监制	刘　巍
封面设计	小　T
出版发行	江苏凤凰文艺出版社
出版社地址	南京市中央路165号，邮编：210009
出版社网址	http://www.jswenyi.com
印　　刷	环球东方(北京)印务有限公司
开　　本	32开
字　　数	122千
印　　张	8.25
版　　次	2018年7月第1版　2023年3月第6次印刷
标准书号	978-7-5594-2063-3
定　　价	46.00元

影视版权抢订热线 010-57194853